Bieli, Geiser

Korrespondenz aktuell

Alex Bieli
Carmen Geiser

Korrespondenz aktuell

Lehrmittel und Nachschlagewerk
Ausbildung, Weiterbildung, Beruf

Alex Bieli, Carmen Geiser
Korrespondenz aktuell
Lehrmittel und Nachschlagewerk
Ausbildung, Weiterbildung, Beruf
ISBN 978-3-0355-1080-5

Bibliografische Information der Deutschen Nationalbibliothek:
Die Deutsche Nationalbibliothek verzeichnet diese Publikation
in der Deutschen Nationalbibliografie; detaillierte bibliografische Daten
sind im Internet über http://dnb.d-nb.de abrufbar.

1. Auflage 2018
Alle Rechte vorbehalten
© 2018 hep verlag ag, Bern

www.hep-verlag.ch

Lösungen und Zusatzmaterialien zu diesem Buch:
http://mehr.hep-verlag.ch/korrespondenz-aktuell

Vorwort

Die digitalen Kommunikationsmittel haben das Schreiben stark verändert: Heute wird mehr und öfter geschrieben, die Kommunikations- und Textformen sind vielfältiger geworden, Sprache und Stil sind individuell geprägt. Trotzdem ist der klassische Brief noch immer die prototypische Form des persönlichen kommunikativen Schreibens, ob geschäftlich oder privat. Und nach wie vor gilt: Gute Korrespondenz führt zu mehr Erfolg.

Doch wie schreibt man erfolgreich? «Korrespondenz aktuell» zeigt auf, worauf es beim geschäftlichen und privaten Korrespondieren ankommt. Das Buch stellt die zentralen Qualitäten erfolgreicher Kommunikationstexte vor, enthält zahlreiche Tipps zu Sprache und Stil, erklärt die wichtigsten Darstellungsregeln und präsentiert zahlreiche, praxisnahe Orientierungsbeispiele. Eine Besonderheit von «Korrespondenz aktuell» ist die Vermeide-Verwende-Liste (VV-Liste) mit über 250 Hinweisen zum besseren Schreibstil.

Die kompakte Darstellung der wichtigsten kommunikativen Textsorten auf den übersichtlichen Doppelseiten ermöglicht einen effizienten und lernwirksamen Einsatz. Die vielen Orientierungsbeispiele und zahlreichen Übungen und die praxisnahen Lernaufträge vertiefen und erweitern die Schreibkompetenz. Lösungen und Lösungsvorschläge sowie Zusatzmaterialien sind kostenlos auf der hep-Webseite abrufbar.

Das Buch ist vielfältig einsetzbar: als Lehr- und Lernmittel für den Unterricht an Berufsfachschulen und Mittelschulen, für Kurse in der Erwachsenenbildung sowie für das Selbststudium. Es dient zudem als Nachschlagewerk und ständiger Begleiter im Beruf und damit dem lebenslangen Lernen. «Korrespondenz aktuell» ist also kein Buch, das man «durchnimmt» und danach im Altpapier entsorgt.

Wir danken dem Lektor und Projektleiter Simon Siegrist für die gute Zusammenarbeit und die kompetente Begleitung des Projekts. Für das Überprüfen der rechtlichen Hinweise danken wir zudem Adrian S. Müller von der Advokatur Müller.

Juni 2018
Alex Bieli, Carmen Geiser

Lösungen für die Übungen und Lernaufträge sowie Zusatzmaterialien sind kostenlos abrufbar unter: www.hep-verlag.ch/korrespondez-aktuell.

Inhalt

Teil 1 Sprache und Form — 7
Einführung: Die 4K-Qualitäten guter Texte — 8
Stilistik 1: Füllwörter, Floskeln, Reizwörter, Reizbotschaften — 12
Stilistik 2: Stilbrüche, Fremdwörter, Helvetismen, Grammatik — 14
Stilistik 3: Verbalstil, Aktivsätze, Es- und Man-Sätze — 16
Stilistik 4: Konjunktiv, Modalverben, Verwechslungen — 18
Stilistik 5: Satz-Stilregeln — 20
Darstellungsregeln 1: Adresse, Brieftitel, Grussformel u. a. — 22
Darstellungsregeln 2: Abkürzungen, Blocksatz, Leerzeilen u. a. — 24
Formale Darstellung 1: linksbündig — 26
Formale Darstellung 2: gemischt- und rechtsbündig — 27
Darstellungsregeln: Übungen — 28

Teil 2 Geschäftsbriefe — 31
Geschäftsbriefe: Einführung — 32
Bestimmte Anfrage — 34
Unbestimmte Anfrage — 36
Angebot — 38
Bestellung — 40
Widerruf — 42
Mängelrüge — 44
Antwort auf die Mängelrüge — 46
Rechnung — 48
Liefermahnung — 50
Zahlungsmahnung — 52

Teil 3 Bewerben und Bewerten — 55
Bewerbungsschreiben — 56
Curriculum Vitae (CV) — 58
Kündigung — 60
Arbeitszeugnis und Arbeitsbestätigung — 62

Teil 4 Weitere Textsorten — 65
Protokoll — 66
Gesuch — 68
Einsprache — 70
Einladung und Absage — 72
Werbebrief — 74
E-Mail — 76
E-Mail-Knigge — 78

Die Vermeide-Verwende-Liste — 79

Die Vermeide-Liste (V-Liste) — 95

Anhang — 97

Stichwortverzeichnis — 110

Teil 1
Sprache und Form

Einführung
Die 4K-Qualitäten guter Texte 8

Stilistik 1
Füllwörter, Floskeln, Reizwörter, Reizbotschaften 12

Stilistik 2
Stilbrüche, Fremdwörter, Helvetismen, Grammatik 14

Stilistik 3
Verbalstil, Aktivsätze, Es- und Man-Sätze 16

Stilistik 4
Konjunktiv, Modalverben, Verwechslungen 18

Stilistik 5
Satz-Stilregeln 20

Darstellungsregeln 1
Adresse, Brieftitel, Grussformel u. a. 22

Darstellungsregeln 2
Abkürzungen, Blocksatz, Leerzeilen u. a. 24

Formale Darstellung 1
Variante linksbündig 26

Formale Darstellung 2
Variante gemischt- und rechtsbündig 27

Darstellungsregeln
Übungen 28

Einführung: Die 4K-Qualitäten guter Texte

Worum geht es?

Kommunikationstexte wie Briefe und E-Mails sind wie Visitenkarten. Wer mit seinen Texten einen guten Eindruck hinterlassen und Erfolg haben will, muss bestimmte Ansprüche beachten. Die wichtigsten betreffen die 4K-Qualitäten.

Kompetenzen
– Ich kenne die vier wichtigsten Qualitätsmerkmale guter Texte.
– Ich kann diese in meinen Texten korrekt anwenden.

Die 4K-Qualitäten

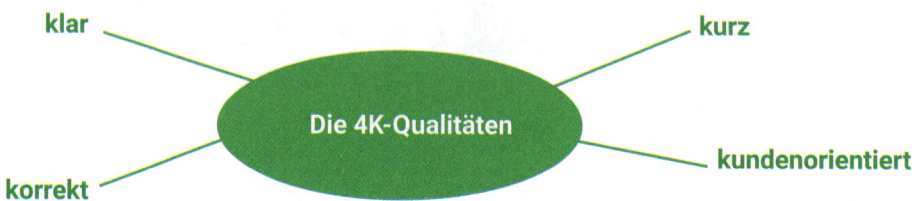

Die vier Qualitätsmerkmale sind nicht isoliert zu verstehen; sie hängen eng zusammen. Gute Kommunikationstexte erfüllen demnach alle vier Qualitätsmerkmale.

Klarheit

Klarheit ist das oberste Gebot. Sie betrifft alle Aspekte: Inhalt, Sprache, Darstellung, Botschaft und Absicht. Wichtig ist, dass die adressierten Personen auf Anhieb verstehen, was gemeint ist. Berücksichtigen Sie deshalb beim Verfassen immer die Perspektive der Leserinnen und Leser.

Korrektheit

Fehlerhafte Texte führen zu Missverständnissen, Irritationen und Ärger. Auch verursachen sie oftmals Mehrarbeit und Mehrkosten. Bei einem Bewerbungsschreiben können grobe Fehler die berufliche Laufbahn beeinflussen. Daher sind Namen, Daten und Zahlen immer genau zu prüfen. Aber auch auf korrekte Rechtschreibung, Zeichensetzung, Gliederung und Darstellung ist zu achten. Mit einem korrekten Schreiben beweisen Sie Sorgfalt, Genauigkeit und Kundenfreundlichkeit. (Eine Liste mit schwierigen Wörtern finden Sie im Anhang Seite 102.)

Kürze

Lange Texte zu schreiben, ist keine Kunst. Die Herausforderung besteht darin, sich auf das Wesentliche zu beschränken. Vor allem bei der E-Mail-Korrespondenz wird oftmals im Parlando-Stil (Plauderstil) «wild drauflos geschrieben», und die Texte werden ohne nochmalige Durchsicht abgeschickt. Kürzungen erreichen Sie, indem Sie erstens alles Überflüssige (z. B. Floskeln und Füllwörter) aus dem Text streichen. Zweitens sollten Ihre Sätze nicht mehr als 20 Wörter enthalten. (Siehe dazu Seite 20.)

Kundenorientierung

Auf der inhaltlichen Ebene bedeutet Kundenorientierung, auf die Bedürfnisse und Wünsche der Kundinnen und Kunden einzugehen. Auf der sprachlichen Ebene heisst Kundenorientierung, die adressierten Personen direkt anzusprechen. Vermeiden Sie, wenn immer möglich, Ich-Sätze. Also nicht: *Ich sende Ihnen die gewünschten Unterlagen bis …* Sondern: *Sie erhalten die gewünschten Unterlagen bis …*

Und noch dies:

Das Wort *Brief* ist abgeleitet vom mittelhochdeutschen Wort *brief* und geht zurück auf das Lateinische *breve*, was *kurzes Verzeichnis* bedeutete. Aus dem Englischen kennen wir das Adjektiv *brief* (*a brief message, eine kurze Mitteilung*), das Verb *to brief* (*jemanden kurz informieren*) und den Ausdruck *be brief!* (*Fasse dich kurz!*). Ein zentrales Merkmal eines Geschäftsbriefes ist also die Kürze.

Übung 1
Welche 4K-Qualitäten sind richtig? Setzen Sie die passenden Adjektive ein.
Adjektive: *korrekt   kundenorientiert   klassisch   klar   kurz   krass*

Bereiche	Adjektive
Rechtschreibung, Zeichensetzung, Grammatik; Namen, Daten, Zeiten, Mengen etc.	
Bedürfnisse und Wünsche berücksichtigen; Sie-Sätze statt Ich-Sätze	
Sätze, Abschnitte, ganzer Brief	
Inhalt, Sprache, Aufbau	

Übung 2
Verbessern Sie folgende Sätze. Beachten Sie die verlangte Qualität in der mittleren Spalte.

Originalsatz	Qualität	Verbesserung
Wir senden Ihnen die angeforderten Unterlagen, sobald wir Zeit dafür haben.	kunden-orientiert	
Im Kursraum steht ihnen eine Pinwand sowie zwei Flippcharts zur Verfügung.	korrekt (Sprache)	
Wie wir von Ihnen erfahren haben, beanstanden Sie nun zu unserem Erstaunen trotz der ersten guten Rückmeldungen unsere Arbeit doch noch.	klar (Inhalt)	
Unser Verein plant schon heute seinen alljährlichen Ausflug, der voraussichtlich im Juli stattfinden wird, aber nur bei schönem Wetter und unter der Voraussetzung, dass es genügend Anmeldungen (mind. 20) haben wird.	kurz (Sprache und Inhalt)	

Übung 3

Beurteilen Sie die Qualität der unten stehenden Antwort auf eine Liefermahnung. Verwenden Sie dazu das Qualitätsinstrument mit der 10er-Skala. Verbinden Sie Ihre Einstufungen mit einer Linie. Sie erhalten dadurch eine Qualitätslinie. Vergleichen Sie diese mit den Ergebnissen Ihrer Kolleginnen und Kollegen. Wo gibt es Übereinstimmungen? Wo Differenzen? Weshalb? – Diskutieren Sie.

Lieferverzug

Sehr geehrte Damen und Herrn

Uns ist bewusst, dass Sie schon lange auf die Lieferung der 48 Tischtücher für den neuen Esssaal warten.
Doch es ist uns ein Anliegen, Ihnen zu sagen, dass der Fehler nicht bei uns liegt. Die Herstellerfirma in St. Gallen hat uns nämlich damals zugesagt, dass die Tischtücher bis Ende September produziert sein werden. Als wir dann Mitte Oktober die Ware abholen wollten, standen wir vor verschlossenen Fabriktoren. Der Betrieb ging in der Zwischenzeit bankrott. Sicher haben Sie darüber in der Tagespresse auch gelesen.
Was machen wir nun? – Kümmern Sie sich selber um eine Lösung des Problems? Oder sollen wir mit einer anderen Firma Kontakt aufnehmen und die Produktion der 84 Tischtücher in Auftrag geben?
Es wäre uns recht, wenn Sie noch diese Woche mit unserem Herrn Schwarz Kontakt aufnehmen könnten. Besten Dank.

Freundliche Grüsse

Übrigens haben wir gestern von einem Vertreter erfahren, dass die besagte Firma in St. Gallen schon seit zwei Jahren in grossen finanziellen Schwierigkeiten steckte, weil sie zu teure Maschinen gekauft hatte.

Das 4K-Qualitätsinstrument

	10	9	8	7	6	5	4	3	2	1	
klar Inhalt, Botschaft, Darstellung	☐	☐	☐	☐	☐	☐	☐	☐	☐	☐	**unklar** Inhalt, Botschaft, Darstellung
korrekt Inhalt, Sprache, Form	☐	☐	☐	☐	☐	☐	☐	☐	☐	☐	**fehlerhaft** Inhalt, Sprache, Form
kurz keine Floskeln, Füllwörter; kurze Sätze	☐	☐	☐	☐	☐	☐	☐	☐	☐	☐	**zu lang** Floskeln, Füllwörter; lange Sätze
kundenorientiert Bedürfnisse berücksichtigt; Sie-Sätze	☐	☐	☐	☐	☐	☐	☐	☐	☐	☐	**nicht kundenorientiert** Bedürfnisse vernachlässigt; keine Sie-Sätze

Übung 4

Korrigieren Sie die unten stehenden Sätze, sodass sie die 4K-Qualitäten guter Texte erfüllen. Die fehlenden Qualitäten sind jeweils angegeben.

1. Wir möchten uns hiermit ganz herzlich für die freundliche Anfrage bedanken. (→ kurz, kundenorientiert)

2. Anbei senden wir Ihnen unsere neusten Muster zur Ansicht, die wir so rasch als möglich zurückgeschickt bekommen möchten. (→ kurz, kundenorientiert)

3. Leider musste gestern Nachmittag unsere Buchhaltung feststellen, dass die Rechnung vom 16. Mai 2018, die auf ihren Wunsch bereits zum zweiten Mal an Sie verschickt worden war, von ihnen immer noch nicht bezahlt worden ist. (→ kurz, korrekt, kundenorientiert)

4. Gerne teilen wir Ihnen mit, dass wir durch verschiedene Diskusionen eine Lösung für das grafierende Problem finden konnten. (→ kurz, korrekt)

5. Einzelne Kurse meiner Ausbildung finden jeweils an einem Freitag statt. Dafür brauche ich vier freie Arbeitstage pro Monat. Sie beginnt Ende Oktober berufsbegleitend. (→ klar)

6. Wir haben in der Hecktik vergessen Ihnen die detailierten Unterlagen zu schicken. (→ korrekt)

7. Die von Ihnen bestellte Ware haben wir nicht mehr am Lager. Nehmen Sie mit uns diesbezüglich Kontakt auf. (→ kundenorientiert)

8. Retournieren Sie das defekte Gerät schnellstmöglichst zurück! (→ kundenorientiert, korrekt)

Stilistik 1: Füllwörter, Floskeln, Reizwörter, Reizbotschaften

Worum geht es?

Die Stilistik ist die Lehre von der Gestaltung des sprachlichen Ausdrucks. In der Geschäftskorrespondenz kommt ihr eine besondere Bedeutung zu, denn gutes Schreiben kann über Erfolg und Misserfolg entscheiden. Anders jedoch als bei der Rechtschreibung und Zeichensetzung gibt es in der Stilistik nicht einfach richtig und falsch. Es geht vielmehr darum, ob der Schreibstil zum Inhalt passt und ob Botschaften ankommen. Die 4K-Qualitäten dienen dabei als Orientierungshilfe (siehe Seite 8). Wer zusätzlich folgende Stilregeln beachtet, verfasst gute, wirkungsvolle Kommunikationstexte.

Kompetenzen
- Ich kenne die wichtigsten Stilregeln und wende diese in meinen Texten an.
- Ich kann Stilmängel erkennen und beheben.

Auf Füllwörter verzichten

In der gesprochenen Sprache kommen Füllwörter häufig vor (= Parlando-Stil). In der Geschäftskorrespondenz haben sie jedoch nichts zu suchen, denn sie sind ohne Aussagewert. Sie verstopfen die Sätze und werden deshalb auch Stopfwörter genannt. Beispiel: *Wir sind grundsätzlich der Meinung, dass Ihre Beschwerde doch ziemlich unbegründet ist.* Besser: *Wir sind der Meinung, dass Ihre Beschwerde unbegründet ist.* Oder noch kürzer: *Ihre Beschwerde ist unbegründet.* Zu den häufigsten Füllwörtern gehören: *eigentlich, grundsätzlich, also, eher, nun, doch, ziemlich, halt, quasi, hiermit, sozusagen*. (Siehe auch VV-Liste Seite 79 ff.)

Floskeln vermeiden

Was sind Floskeln? – Das möchten wir hier gerne erklären, was gar nicht so einfach ist, doch wir probieren es ... Stopp. Dieser Satz besteht nur aus Floskeln. Also nochmals: Was sind Floskeln? – Floskeln sind Wendungen mit keinem oder nur geringem Aussagewert. Sie drücken etwas Selbstverständliches aus und treten oftmals in Kombination mit Füllwörtern auf. Die meisten Floskeln kann man streichen, ohne dass dadurch der Informationsgehalt vermindert wird. Ganz oben auf der Floskel-Hitparade stehen Sätze wie: *Wir haben Ihre Nachricht dankend erhalten. / Hiermit senden wir Ihnen die gewünschte Preisliste. / Beiliegend erhalten Sie die Offerte. / Für Ihre Bemühungen danken wir Ihnen im Voraus. / Bei Fragen stehen wir Ihnen jederzeit zur Verfügung.* (Siehe auch VV-Liste Seite 79 ff.)

Auf Reizwörter und Reizbotschaften achten

In einem Wort oder Satz steckt immer mehr Bedeutung, als auf den ersten Blick erkennbar ist. Lesen wir beispielsweise in einer Mail-Antwort von einem *hohen Risiko*, löst dieses Wort in unseren Köpfen sofort Assoziationen aus. Hier z. B.: Gefahr, Verlust, Bedrohung, Angst, Vorsicht! etc. Wir verbinden Wörter also mit bestimmten Vorstellungen. Man spricht davon, dass Wörter negativ und positiv konnotiert sind. (Siehe auch VV-Liste Seite 79 ff.) Folgende Beispiele zeigen den Unterschied.

Reizwörter und Reizbotschaften	Positive Wörter und Botschaften
Risiko	Chance
Verlust, verlieren	Gewinn, gewinnen, profitieren
sehr billig, zu teuer	preiswert
Ihre Reklamation	Ihre Rückmeldung, Ihr Feedback
Das ist ein schwieriges Problem.	Das ist eine spannende Herausforderung.
Ihre Anfrage ist für uns unverständlich.	Wir haben Fragen zu Ihrer Anfrage.
Ein weiteres Gespräch ist doch sinnlos.	Gerne möchten wir nochmals darüber reden.

Und noch dies:

In Experimenten wurde festgestellt, dass jene Assoziationen, die zuerst entstehen, das Denken lange dominieren. Es kommt also darauf an, welche Wörter am Satzanfang stehen; ein interessanter Aspekt für das kundenorientierte Schreiben. Prüfen Sie selbst, welche Gedanken bei diesen beiden Sätzen vorherrschen: *Wir sind sehr enttäuscht darüber, dass Sie unser Angebot nicht annehmen. / Schade, dass Sie unser Angebot nicht annehmen.*

Übung 1
Streichen Sie die Füllwörter.

1.1 Ihr Angebot entspricht so ziemlich unseren Vorstellungen.

1.2 Die Mail-Nachricht vom 3. April kam bei vielen Mitarbeitenden doch eher schlecht an.

1.3 Wir hatten sozusagen keine andere Möglichkeit.

1.4 Die Angestellten sollten die neue Ferienregelung eigentlich kennen.

1.5 Wir haben unsere Preise seit vier Jahren praktisch nicht mehr erhöht.

1.6 Das ist ein einigermassen gutes Preis-Leistungsverhältnis.

1.7 Sie erhalten nun hiermit den neuen Arbeitsvertrag zur Unterschrift.

1.8 Bei diesem Online-Shop geht das Bestellen grundsätzlich relativ einfach.

1.9 Gerne beantworten wir natürlich Ihre allfälligen Fragen.

1.10 Sicher werden wir irgendwie eine optimal passende Lösung finden.

Übung 2
Verbessern Sie die floskelhaften Sätze.

Floskelhaft	Floskelfrei
Wir haben Ihren Brief dankend erhalten.	
Hiermit senden wir Ihnen die gewünschten Unterlagen.	
Beiliegend erhalten Sie die Offerte als PDF-Datei im Anhang.	
Für Ihre Abklärungen danken wir Ihnen im Voraus.	
Bei Fragen stehen wir Ihnen jederzeit zur Verfügung.	
Bezugnehmend auf Ihr zweites Angebot vom 19. Januar teilen wir Ihnen mit, dass der Preis nun unseren Vorstellungen entspricht.	
Sie haben eine interessante Stelle zu vergeben, die meinen Vorstellungen und Fähigkeiten sehr entspricht.	

Übung 3
Vermeiden Sie Reizbotschaften. Verwenden Sie positiv konnotierte oder neutrale Formulierungen.

3.1 Ihr gemeiner Angriff ist für uns nicht nachvollziehbar.

3.2 Wir fordern von Ihnen eine Erklärung!

3.3 Wir werden Ihre Bestellung so rasch wie möglich erledigen.

3.4 Sie haben wohl keine Ahnung vom Geschäft!

3.5 Diese Entscheidung könnte Ärger verursachen.

3.6 Wir führen auch sehr billige Modelle.

Stilistik 2: Stilbrüche, Fremdwörter, Helvetismen, Grammatik

Stilbrüche vermeiden

Briefe und E-Mails sollten auf einer standardsprachlichen Stilebene verfasst sein. Stilbrüche entstehen, wenn umgangssprachliche, saloppe oder bildungssprachliche Ausdrücke gewählt werden. Die Zuordnung zu den vier Stilebenen ist jedoch nicht immer eindeutig. (Siehe auch VV-Liste Seite 80 ff.)

Beispiel 1	Stilebene	Beispiel 2
ein *superbes* Angebot	bildungssprachlich	die Qualität *monieren*
ein *attraktives* Angebot	standardsprachlich	die Qualität *kritisieren*
ein *tolles* Angebot	umgangssprachlich (ugs.)	über die Qualität *meckern*
ein *heisses* Angebot	salopp (derb)	über die Qualität *motzen*

Fremdwörter nein – Fachwörter ja

Wir taxieren das Problem als virulent, und ergo sollte es so rasch wie möglich auf die Agenda gesetzt werden. Hier wird – mit oder ohne Absicht – auf der bildungssprachlichen Stilebene kommuniziert. Auf der standardsprachlichen Ebene lautet der Satz: *Wir beurteilen das Problem als sehr dringend. Daher sollte es so rasch wie möglich behandelt werden.* Auch modische Fremdwörter wie *cool, easy, checken, Game, News, Challenge, Top, Flop, up to date* etc. gelten in der Geschäftskorrespondenz als Stilbruch. Nicht so das Verwenden von Fachwörtern wie *stornieren, annullieren, Skonto, Budget, brutto, netto, Management, Software, Download, Marketing, Organigramm* etc. Als Grundsatz gilt: Modische und angeberische Fremdwörter nein. Fachwörter ja. (Siehe auch VV-Liste Seite 80 ff.)

Helvetismen beachten

Gibt man auf www.duden.de das Wort *Velo* ein, erhält man folgende Informationen: *Substantiv, Neutrum, schweizerisch; Fahrrad.* – Wörter wie *Velo*, die nur in der Schweiz verwendet werden, heissen Helvetismen. Weitere Beispiele sind: *Offerte* (Angebot), *Detailhandel* (Einzelhandel), *Traktanden* (Tagesordnungspunkte), *Pendenzen* (Unerledigtes), *Parterre* (Erdgeschoss), *Spital* (Krankenhaus), *Abwart* (Hauswart), *parkieren* (parken), *zügeln* (umziehen) etc. Helvetismen sind nicht zu verwechseln mit Mundartwörtern wie *Plausch, lädele* u. a. (Als einziges Mundartwort hat sich übrigens *Müesli* international durchgesetzt.) – Helvetismen sind nicht falsch, sie sollten jedoch in der Korrespondenz mit Deutschland und Österreich nicht verwendet werden.

Grammatikfehler vermeiden

Ein klassischer Grammatikfehler ist die fehlende Übereinstimmung von Subjekt und Prädikat. Beispiel 1: *Für unsere Firma steht die Kundenzufriedenheit und die Produktequalität zuoberst.* Die Einzahlform *steht* ist falsch. Korrekt ist die Mehrzahlform *stehen*, denn das Prädikat bezieht sich auf zwei Dinge: auf die Kundenzufriedenheit und die Produktequalität. Beispiel 2: *Über die Hälfte unserer Besucherinnen und Besucher kommen aus dem EU-Raum.* Hier bezieht sich das Prädikat auf *die Hälfte* und muss daher in der Einzahl stehen: *Über die Hälfte unserer Besucherinnen und Besucher kommt aus dem EU-Raum.* (Siehe auch VV-Liste Seite 80 ff.)

Und noch dies:

Verdoppelungen wie *Rückantwort* und *etwas nochmals wiederholen* nennt man Pleonasmen (Einzahl: der Pleonasmus, griech. = Überfluss). Einige sind klar erkennbar (*aktive Tätigkeit, tote Leiche*). Bei anderen ist die Verdoppelung versteckt, so bei *Zukunftsprognosen* und *gutes Gelingen*. Im Wort *Gelingen* ist der gute Ausgang bereits enthalten. Und Prognosen sind Voraussagen; sie haben also immer mit der Zukunft zu tun. (Siehe auch VV-Liste Seite 80 ff.)

Übung 1

Markieren Sie den Stilbruch. Setzen Sie das standardsprachliche Wort bzw. den standardsprachlichen Ausdruck ein.

1.1 Besten Dank für Ihr cooles Angebot.

1.2 Das ist eine kongeniale Werbeidee.

1.3 Der Kunde hat die Qualität moniert.

1.4 Unsere Abteilung präferiert die Variante B.

1.5 Da haben wir ein echtes Problem!

1.6 Das war eine tolle Fete.

1.7 Durch was ist der Schaden entstanden?

1.8 Sie kriegen die Offerte nächste Woche.

1.9 Mit dem haben wir natürlich nicht gerechnet.

1.10 Dieses Jobangebot spricht mich mega an.

Übung 2

Wie heissen die standardsprachlichen Ausdrücke?

Helvetismus	Standardsprache	Helvetismus	Standardsprache
Couvert		pressieren	
Billett		Das tönt gut.	
Münz		etwas antönen	
Salär		Ich telefoniere dir.	
Garantie		aufgestellt sein	
Sackgeld		innert 10 Tagen	
Aktion		speditiv arbeiten	
Occasion-Auto		zügeln	

Übung 3

Wo steckt der Grammatikfehler? Verbessern Sie, wo nötig.

3.1 Die Hälfte der Getränke hätten gereicht.

3.2 In diesem Gefäss befinden sich 5 Liter Olivenöl.

3.3 Die Einladung geht an Herr und Frau Krause.

3.4 Die Reise musste wegen des schlechten Wetters abgesagt werden.

3.5 Freundlicher Gruss

3.6 Die Wohnung befindet sich in zentralster Lage.

3.7 Die Wohnung kostet 1500 Franken zuzüglich der Nebenkosten.

3.8 Ich bewerbe mich für diese Stelle.

Stilistik 3: Verbalstil, Aktivsätze, Es- und Man-Sätze

Verbalstil statt Nominalstil

Unter Berücksichtigung Ihrer zusätzlich eingereichten Unterlagen und nach einer Besprechung mit der kantonalen Steuerbehörde wurde die Entscheidung gefällt, dass bei den Abzügen für Ihre Tochter Leona keine Erhöhung vorgenommen werden kann. Das ist Verwaltungssprache, auch Papierdeutsch oder Amtsdeutsch genannt. Der Satz enthält insgesamt neun Nomen. Vier davon können in Verben verwandelt werden: *Berücksichtigung* → *berücksichtigen* / *Besprechung* → *besprechen* / *Entscheidung fällen* → *entscheiden* / *keine Erhöhung* → *nicht erhöhen*. Im Verbalstil sieht die Mitteilung so aus: *Wir haben Ihre Unterlagen geprüft und sie mit der kantonalen Steuerbehörde besprochen. Dabei haben wir entschieden, dass die Abzüge für Ihre Tochter Leona nicht erhöht werden können.* Man merkt: Der Verbalstil ist klarer, verständlicher und dynamischer.

Bei festen Wendungen wie *die Ruhe bewahren, für Ordnung sorgen, für Ruhe sorgen, die Übersicht behalten, Sinn ergeben, Gefahr laufen, grünes Licht geben, den Hut nehmen* u. a. ist der Nominalstil sinnvoll. Diese Nomen-Verb-Kombination können nämlich nicht in einfache Verben verwandelt werden.

Ein typisches Merkmal des Nominalstils sind die sogenannten Streckverben: *Das Angebot wird einer Prüfung unterzogen; an der Sitzung ist ein wichtiger Beschluss gefasst worden; das Projekt wird nun doch zur Ausführung gelangen.* Einfache Verben wie *prüfen, beschliessen* und *ausführen* werden durch Nomen ersetzt und mit anderen Verben angereichert.

Aktivsätze statt Passivsätze

Viele Vorgänge lassen sich auf zwei Arten ausdrücken, nämlich aktiv: *Sie informierten uns bereits vor einem Monat über den Stellenabbau.* Oder passiv: *Wir wurden bereits vor einem Monat von Ihnen über den Stellenabbau informiert.* Inhaltlich ändert sich nichts, formal und grammatisch einiges. Das Subjekt des Aktivsatzes (*Sie*) wird im Passivsatz zum Objekt (*von Ihnen*). Es tauchen neue Wörter auf (*von Ihnen, sind ... worden*), wodurch der Satz länger wird, was wiederum die Verständlichkeit erschwert. Diese kurze Analyse macht klar: Aktivsätze sind kürzer, klarer und dynamischer. Sie sind daher stilistisch meistens die bessere Variante.

Passivsätze werden gerne bei unangenehmen Mitteilungen (Negativbotschaften) in Kombination mit den unpersönlichen Pronomen *es* und *man* (siehe unten) verwendet. So schrieb eine Firma in ihrer internen Mitteilung: *Man muss sich auf schwierige Zeiten vorbereiten, denn es müssen auch Kündigungen ausgesprochen werden.* Ohne sprachliches Versteckspiel heisst die Botschaft: *Bereitet euch auf schwierige Zeiten vor, denn wir müssen auch Kündigungen aussprechen.*

Nicht zu verwechseln sind derartige Passivsätze mit dem sogenannten Zustandspassiv: *Wir sind nun informiert. Der Brief ist fertig. Die Ware ist bestellt.*

Es- und Man-Sätze vermeiden

Sätze aus der Praxis: *Es freut uns, dass Ihnen unser Sortiment gefällt. / Man wird Ihnen die Entscheidung bald mitteilen. / Es konnte leider keine andere Lösung gefunden werden.* Ersetzt man die unpersönlichen Pronomen *man* und *es* durch die persönlichen Fürwörter *ich* oder *wir*, wirken die Sätze sofort viel direkter und kundenfreundlicher: *Wir freuen uns, dass Ihnen unser Sortiment gefällt. / Wir werden Ihnen die Entscheidung bald mitteilen. / Wir konnten leider keine andere Lösung finden.*

In ein paar wenigen Fällen sind Es-Sätze angebracht: wenn *es* nicht ersetzt werden kann (*Es hat die ganze Nacht geregnet.*); wenn der Urheber unbekannt ist (*Es wurden verschiedene Gerüchte gestreut.*) und wenn es sich um Naturphänomene handelt (*Es kommt immer wieder zu Erdbeben.*).

Und noch dies:

Das Futur braucht man für Handlungen und Ereignisse, die fest geplant sind und in der Zukunft stattfinden: *Ich werde mich um eine neue Stelle bewerben.* Zudem für Vermutungen: *Frau Ebner wird wohl unsere neue Chefin werden.* Kommen eindeutige Wörter vor, die in die Zukunft weisen (*morgen, bald, in zwei Tagen, nächste Woche, Ende Monat, bis 31. Oktober* etc.), können die Sätze im Präsens stehen. Beispiele: *Sie erhalten die Offerte nächste Woche. / Wir bekommen nächstes Jahr eine neue E-Mail-Adresse.* Etc.

Übung 1

Den Nominalstil vermeiden. Ersetzen Sie die Nominalisierungen durch Verben.

1.1 Die Geschäftsleitung hat den Beschluss gefasst, dass …

1.2 Sie können 10 % Rabatt in Abzug bringen.

1.3 Das Projekt gelangt nicht zur Ausführung.

1.4 Wir müssen das Budget nochmals einer Kontrolle unterziehen.

1.5 Wird werden für die Miete eine genaue Berechnung vornehmen.

1.6 Wir werden Ihnen Terminvorschläge unterbreiten.

1.7 Die Ware wird bald zur Auslieferung gelangen.

1.8 Die Gemeinde wird noch eine Mitteilung machen, wie …

Übung 2

Schreiben Sie Aktivsätze. Behalten Sie die Zeitform bei.

Passivsatz	Aktivsatz
2.1 Die drei Personen werden von Frau Gut zum Gespräch eingeladen.	
2.2 Die Sitzung ist von der Chefin kurzfristig verschoben worden.	
2.3 Die Entscheidung wurde von unserer Abteilung einstimmig gefällt.	
2.4 Das Protokoll muss immer von mir verfasst werden.	
2.5 Der Werbebrief sollte vom Marketingleiter nochmals geprüft werden.	
2.6 Leider konnte auf Ihre Beschwerde nicht eingegangen werden.	
2.7 Wie uns von Herrn Becker mitgeteilt worden ist, funktionieren nun alle Geräte.	
2.8 Die Reparatur kann von uns erst in einem Monat vorgenommen werden.	

Übung 3

Es- und Man-Sätze vermeiden. Schreiben Sie persönlich.

3.1 Es freut uns sehr, dass …

3.2 Man musste Ihr Gesuch leider ablehnen.

3.3 Es kam bei uns zu Problemen bei der Auslieferung.

3.4 Man sollte von den Lernenden nicht zu viel verlangen.

3.5 Es durften viele Gäste begrüsst werden.

3.6 Man kümmert sich unsererseits um Ihr Anliegen.

Stilistik 4: Konjunktiv, Modalverben, Verwechslungen

Konjunktivformen nicht als Höflichkeitsfloskel verwenden

Oft hört man, dass Konjunktivformen (Möglichkeitsformen) in der geschäftlichen Korrespondenz grundsätzlich falsch seien; man müsse immer Indikativformen (Wirklichkeitsformen) verwenden. Das stimmt so nicht. Die Konjunktiv-I-Form kann verwendet werden bei indirekter Rede: *Ihr Geschäftspartner hat uns mitgeteilt, er sei mit dem Vorschlag einverstanden. Die Abteilungsleiterin schrieb, man komme mit dem neuen Projekt gut voran.*

Die Konjunktiv-II-Form ist berechtigt in folgenden Fällen: Bei echten Bedingungen: *Sollte ich die Stelle bekommen, würde ich nach Luzern ziehen.* Bei Wünschen: *Eine Einladung zu einem Vorstellungsgespräch würde mich sehr freuen.* In der indirekten Rede, wenn Konjunktiv I und Indikativ identisch sind: *Wir teilten mit, wir hätten* (nicht: *haben*) *nächste Woche Zeit für ein Gespräch.*

Zu vermeiden sind Konjunktiv-II-Formen jedoch als reine Höflichkeitsfloskeln: *Wir möchten Sie bitten …* (Besser: *Wir bitten Sie …*) *Gerne würden wir Sie einladen …* (Besser: *Gerne laden wir Sie ein …*) *Hätten Sie am Dienstag Zeit?* (Besser: *Haben Sie am Dienstag Zeit?*) *Könnten Sie uns bitte mitteilen …* (Besser: *Bitte teilen Sie uns mit …*)

In der Geschäftskorrespondenz ist auf den Konjunktiv ebenfalls zu verzichten, wenn klar ist, dass es sich um eine Bedingung handelt. Beispiel: *Ich freue mich, wenn Sie mich zu einem Vorstellungsgespräch einladen.* Durch den mit *wenn* eingeleiteten Nebensatz wird klar, dass man sich nur freut, *wenn (falls)* die Einladung erfolgt. Die Form *Ich würde mich freuen, wenn …* ist hier nicht nötig, um die Bedingung anzuzeigen.

Modalverben gezielt einsetzen

Modalverben können gezielt eingesetzt werden, um eine Aussage zu verändern (modifizieren). Beispiel: *Wir können/müssen/wollen/sollen/dürfen an diesem Projekt teilnehmen.* Bei Botschaften, die direkt an die Adressaten gerichtet sind, können Sätze mit Modalverben jedoch als Bevormundung aufgefasst werden. Beispiele: *Sie müssen uns so bald wie möglich zurückrufen.* (Besser: *Bitte rufen Sie uns so bald wie möglich zurück.*) *Sie dürfen bei Fragen gerne mit uns Kontakt aufnehmen.* (Besser: *Bitte nehmen Sie bei Fragen mit uns Kontakt auf.*) *Sie sollten beachten, dass die Anmeldefrist am 30. April abläuft.* (Besser: *Beachten Sie, dass die Anmeldefrist am 30. April abläuft.*) (Siehe auch Reizwörter, Seite 12.)

Wörter nicht verwechseln

Wörter, die ähnlich klingen oder geschrieben sind, werden leicht verwechselt. Das kann zu Unklarheiten, Missverständnisse und Falschinformationen führen. Beispiele:

eine zweijährige Ausbildung	> dauert zwei Jahre
eine zweijährliche Ausbildung	> findet alle zwei Jahre statt
offensichtlich im Irrtum sein	> Es ist klar, dass man im Irrtum ist.
offenbar im Irrtum sein	> Vermutlich ist man im Irrtum.
die Umsätze steigen	> Die Umsätze gehen nach oben (passiv).
den Umsatz steigern	> den Umsatz erhöhen (aktiv)
ein Konzept erarbeiten	> neu erstellen
ein Konzept bearbeiten	> überarbeiten, anpassen, verändern
die ökonomischen Vorteile	> die wirtschaftlichen Vorteile
die ökologischen Vorteile	> die Vorteile für die Umwelt
Wir arbeiten mit demselben Laptop.	> Wir teilen uns einen Laptop.
Wir arbeiten mit dem gleichen Laptop.	> Wir haben das gleiche Modell.

Und noch dies:

Wer in Briefen und Mails die korrekten Genitiv-Formen verwendet, zeigt Sprachkompetenz und Stilsicherheit. Merken Sie sich folgende Formen: *abzüglich/zuzüglich des Rabatts* (nicht: *dem Rabatt*), *anlässlich des Interviews* (nicht: *dem Interview*), *anstatt/statt des Geldes* (nicht: *dem Geld*), *innerhalb eines Monats* (nicht: *einem Monat*), *oberhalb/unterhalb des Hauses* (nicht: *vom Haus*), *trotz des Fehlers* (nicht: *dem Fehler*), *während des Gesprächs* (nicht: *dem Gespräch*), *wegen des Unfalls* (nicht: *dem Unfall*), *zeit seines Lebens* (nicht: *seinem Leben*).

Übung 1

Konjunktivformen. Fünf sind notwendig. Fünf sind überflüssig. Markieren Sie die notwendigen Formen mit einem ✓. Korrigieren Sie die überflüssigen Konjunktivformen.

1.1 Viele Kunden und Kundinnen teilten uns mit, sie hätten die Ware noch nicht erhalten.

1.2 Eine Einladung zu einem Vorstellungsgespräch würde mich sehr freuen.

1.3 Ich würde mich freuen, wenn Sie mich zu einem Vorstellungsgespräch einladen würden.

1.4 Falls Sie einverstanden wären, würden wir die Tickets an der Abendkasse hinterlegen.

1.5 Er teilte mir mit, er müsse den Vertrag nochmals genau durchlesen.

1.6 Gerne würden wir Sie zu unserer Saisoneröffnung einladen.

1.7 Meine Kollegin ist der Meinung, dass dieser Text negative Gefühle auslösen könnte.

1.8 Könnten Sie bitte den Betrag nächste Woche überweisen?

1.9 Würde Ihnen der Termin passen? Oder würden Sie lieber ein anderes Datum vorziehen?

1.10 Sollte ich zur Präsidentin gewählt werden, würde mich das freuen.

Korrekturen:
Nr.
Nr.
Nr.
Nr.
Nr.

Übung 2

Ersetzen Sie die Modalverben.

Mit Modalverb	Ohne Modalverb
2.1 Sie dürfen diesen Arzttermin auf keinen Fall verpassen.	
2.2 Sie können uns am Montag von 10 bis 12 Uhr anrufen.	
2.3 Sie dürfen nicht vergessen, die Ferien frühzeitig einzutragen!	
2.4 Sie sollten sich in zwei Wochen nochmals bei uns melden.	
2.5 Sie dürfen sich bei Problemen mit der neuen Software an uns wenden.	

Übung 3

Wortverwechslungen. Unterstreichen Sie das passende Wort.

3.1 In Luzern hat es viele Touristen. Die Stadt ist eine beliebige/beliebte Reisedestination.

3.2 Unser Chef hat immer neue Ideen. Er ist ein sehr geschäftlicher/geschäftiger Mann.

3.3 Dieser Weiterbildungskurs findet jeweils zweimonatlich/zweimonatig statt.

3.4 Die Polizei veröffentlich morgen eine öffentliche/offizielle Mitteilung zum Fall.

3.5 Unsere Firma macht weniger Umsatz. Sie hat deshalb Probleme mit der Liquidität/Liquidation.

3.6 Jeder weiss, dass Diebstahl eine straffällige/strafbare Handlung ist.

3.7 Sie ist krank. Ich werde mich nach ihrem Zustand erkunden/erkundigen.

3.8 Unsere beiden Lernenden haben sichtbare/scheinbare Fortschritte gemacht.

Stilistik 5: Satz-Stilregeln

Worum geht es?

Sie öffnen einen Brief und erkennen auf den ersten Blick, dass das ganze Schriftstück aus mehreren langen Schachtelsätzen besteht. Wie reagieren Sie? Wahrscheinlich legen Sie den Brief weg und ärgern sich darüber, dass jemand sein Anliegen so kompliziert und langatmig vorbringt. Deshalb: Vermeiden Sie komplizierte, überladene Sätze. Versetzen Sie sich beim Schreiben in die Lage der Leserinnen und Leser. Drücken Sie sich in einfachen, kurzen Sätzen aus.

Kompetenzen

- Ich kenne die wichtigsten Satz-Stilregeln und wende diese in meinen Texten an.
- Ich kann kurze, einfache und klar verständliche Sätze schreiben.

In der Kürze liegt die Würze

Es ist einfacher, komplizierte Inhalte kompliziert als einfach zu formulieren. Die (Schreib-)Kunst besteht also darin, die Botschaften in kurzen, einfachen Sätzen zu formulieren. Als Faustregel gilt:

- Sätze zwischen 6 bis 14 Wörtern sorgen für eine optimale Verständlichkeit.
- Ab 15 Wörtern wird das Verständnis erschwert.
- Ein Gedanke = ein Satz.

Wie schreibt man kurze Sätze?

Die schrittweise Umformung des folgenden Bandwurmsatzes zeigt, wie man Botschaften in kurze Sätze packen kann. Originalsatz: *Leider müssen wir Ihnen heute mitteilen, dass die Feier vom kommenden Donnerstagabend infolge Erkrankung des Jubilars, unseres Herrn Alfred Müllers, abgesagt werden muss und alsbald auf ein neues, jetzt noch nicht bekanntes Ersatzdatum verschoben wird, das wir Ihnen nächste Woche noch mitteilen werden.* (43 Wörter)

Schritt 1: Wir streichen alles Überflüssige:
~~Leider müssen wir Ihnen heute mitteilen,~~ dass die Feier vom ~~kommenden~~ Donnerstagabend infolge Erkrankung ~~des Jubilars, unseres~~ Herrn ~~Alfred~~ Müllers, abgesagt werden muss und ~~alsbald auf~~ ein ~~neues, jetzt noch nicht bekanntes~~ Ersatzdatum ~~verschoben wird~~, das wir Ihnen nächste Woche ~~noch~~ mitteilen werden.

Schritt 2: Jetzt verteilen wir den Inhalt auf mehrere, kurze Sätze:
Die Feier vom Donnerstagabend muss leider abgesagt werden, da Herr Müller erkrankt ist. Ein Ersatzdatum teilen wir Ihnen nächste Woche mit.

Schritt 3: Jetzt geht es den Passivformen an den Kragen:
Die Feier vom Donnerstagabend müssen wir leider absagen, da Herr Müller erkrankt ist. Ein Ersatzdatum teilen wir Ihnen nächste Woche mit. (21 Wörter)

Satz-Stilregeln

1. Kurze Sätze sind immer besser als lange.
2. Die Hauptbotschaft gehört in den Hauptsatz.
3. Bei Nebensätzen gilt: Nachgestellte Nebensätze sind erwünscht, vorangestellte Nebensätze sind möglich, eingeschobene Nebensätze sind zu vermeiden.
4. Sätze im Verbalstil sind einfacher zu verstehen als im Nominalstil (siehe auch Seite 16).
5. Gedanken in Aktivsätzen formulieren, Verben verwenden (siehe auch Seite 16).
6. Es- und Man-Sätze vermeiden (siehe auch Seite 16).

Und noch dies:

Lesen Sie Ihre Texte laut vor oder lassen Sie diese laut vorlesen. Achten Sie dabei auf den Lesefluss und den Rhythmus. So entdecken Sie holprige Textstellen viel besser.
Zählen Sie die Wörter mit dem Computerprogramm. Kürzen Sie die langen Sätze konsequent.

Übung 1

Streichen Sie zuerst alles Überflüssige und Holprige in den beiden Sätzen. Schreiben Sie anschliessend die Sätze neu, indem Sie die Botschaft in zwei Hauptsätze packen.

1. Wir danken Ihnen für den geschätzten Auftrag und garantieren Ihnen gleichzeitig, dass wir diesen wie immer termingerecht, kompetent und mit bester Qualität ausführen werden.

2. Wir erlauben uns, Sie darauf aufmerksam zu machen, dass Sie bitte das Kursgeld bis Ende April pünktlich überweisen, denn erst dann gilt die Anmeldung als definitiv.

Satz 1:

Satz 2:

Übung 2

Lesen Sie nochmals die sechs Satz-Stilregeln auf Seite 20. Verbessern Sie anschliessend die Sätze.

Regeln	Schlechter Stil	Besser
Regel 1 Kurze Sätze bilden	Wir garantieren Ihnen schon im Voraus, dass das neue Gerät bedeutend weniger Strom verbrauchen wird und zusätzlich auch weniger Lärm produzieren wird.	
Regel 2 Hauptbotschaft im Hauptsatz platzieren	Ich habe in der Zwischenzeit einem anderen Arbeitgeber zugesagt, sodass ich nun meine Bewerbung zurückziehe.	
Regel 3 Eingeschobene Nebensätze vermeiden	Für meine Weiterbildung, die ich Ende Oktober berufsbegleitend beginnen werde, brauche ich vier freie Arbeitstage pro Monat.	
Regel 4 Verben verwenden	Nach dem Besuch Ihrer Informationsveranstaltung bekunde ich grosses Interesse an Ihrem neuen Kursangebot.	
Regel 5 Aktivsätze formulieren	Die Umsatzzahlen konnten von uns im vergangenen Jahr gesteigert und der Gewinn um 10 Prozent erhöht werden.	
Regel 6 Es- und Man-Sätze vermeiden	Es würde uns interessieren, ob es Ihnen möglich ist, dass man uns die neuen Prospekte und Preislisten bis Ende Woche zustellen könnte.	

Darstellungsregeln 1: Adresse, Brieftitel, Grussformel u. a.

Worum geht es?

Beim privaten Schreiben sind wir in der Darstellungsform frei. Für die Geschäftskorrespondenz hingegen gelten bestimmte Regeln und Normen. Sie dienen dazu, die Texte übersichtlich und klar zu präsentieren. Auf dieser Doppelseite sind die wichtigsten Darstellungsregeln beschrieben und mit Beispielen veranschaulicht.

Kompetenzen
- Ich kenne die wichtigsten Darstellungsregeln und kann diese korrekt anwenden.
- Ich kann Fehler bei der Darstellung erkennen und korrigieren.

Briefkopf

Adresse
- Die Adresse muss vollständig und korrekt sein (siehe Beispiele 1–5).
- Die Adresse kann links oder rechts stehen. Wichtig: Sie muss ins Fenster des Umschlags passen.
- ohne Leerzeilen, nichts fett, kursiv oder unterstrichen (siehe Beispiele)
- postalische Vermerke über dem Adressblock: Persönlich, Einschreiben, Express (siehe Beispiel 3)
- Anreden wie *Herrn* oder *An Herrn* sind veraltet; besser: Herr / Frau (siehe Beispiel 2).
- Ebenfalls veraltet sind: *An / Firma / An die Firma / z. H. / z. Hd.* (zu Handen).
- keine Abkürzungen verwenden: *Hr. / Breitenbacherstr. / Unt. Gasse* u. a.
- Mit der Reihenfolge bestimmt man, wer den Brief öffnen soll (siehe Beispiel 4).
- Adressen Ausland (siehe Beispiel 5)

Beispiel 1:	Beispiel 2:	Beispiel 3:	Beispiel 4:	Beispiel 5:
Herr Rolf Bauer Reussweg 16 6003 Luzern	Bike-Shop AG Frau Bea Rölli Kreuzstrasse 38 4600 Olten	Einschreiben Steueramt Frau Peters Stadthaus 5400 Baden	Herr Tom Meier Domotec AG Lindenstrasse 4 7007 Chur	Notariat Fretz Kaiserstrasse 14 Postfach 1347 79098 Freiburg DEUTSCHLAND

Datum
- Beim Datum gibt es mehrere Schreibvarianten (siehe Beispiele).
- Das Wort *den* wird nicht mehr geschrieben.
- keine Abkürzungen verwenden: *Jan. / Okt. / Nov.* etc.
- Der Ort wird meistens weggelassen: 15. Mai 20XX statt: *Basel, 15. Mai 20XX*.
- Heute werden die Daten häufig nach den Normen der ISO (International Organization for Standardization) geschrieben.
- Beispiele:
  9. Oktober 20XX   09.10.20XX   Bern, 9. Oktober 20XX   20XX-10-09 (ISO)

Textkörper

Brieftitel
auch:
Betreff,
Infozeile
- Der Brieftitel muss kurz und prägnant sein und zum Briefinhalt passen.
- Hinweise wie *Betrifft / Thema / Inhalt* etc. sind nicht nötig.
- Schrifttyp und Schriftgrösse sind gleich wie im Brieftext; jedoch **fett** – aber nicht unterstrichen.
- Auch zweizeilige Brieftitel sind möglich.
- Beispiele:

  Ihre Anfrage vom 16. Oktober 20XX   **Angebot Schreibkurs**

  Einladung 10 Jahre Gartenbau Vogt   **Modehaus «Sie & Er»:**
  Wir freuen uns auf Sie!   **Neue Modelle, neue Leitung**

Anrede
- Die Anrede ist die erste direkte Hinwendung zur adressierten Person und hat daher eine besondere Bedeutung. Die Anredeform definiert die Beziehung und prägt den Stil und Ton eines Schreibens. So drückt die Anrede Sehr geehrte Damen und Herren eine andere Beziehung aus als die Form Liebe Freunde.
- Die Anrede sollte wenn immer möglich persönlich sein, also mit *Herr* bzw. *Frau* und Familienname. Wenn nicht klar ist, an wen das Schreiben geht, ist die unpersönliche Anrede *Sehr geehrte Damen und Herren* üblich.
- Titel wie *Sehr geehrte Frau Dr. Gross* oder *Sehr geehrter Herr Professor Vogt* sind möglich.

	Textkörper	
Anrede		– In amtlichen Schreiben wird oftmals auch die Funktion erwähnt: Sehr geehrte Frau Präsidentin. – Nach der Anrede steht kein Satzzeichen. (In Deutschland wird ein Komma gesetzt.) – Durch die Mail-Korrespondenz setzen sich heute alternative Formen durch. Wichtig ist, dass die Anrede zum Thema, zur Person und zur Beziehung passt. Beispiele:

Traditionelle Anreden:	Alternative Formen:
Sehr geehrte Damen und Herren	Guten Tag!
Sehr geehrter Herr Sutter	Guten Tag Herr Sutter
Sehr geehrte Frau Hertig	Grüezi Frau Hertig
Geschätzte Damen und Herren	Liebe Kundinnen und Kunden
Geschätzter Herr Sutter	Liebe Familie Sommerhalder
Geschätzte Frau Hertig	Liebe Frau Hofer-Läubli

Gruss-formel	– Die Grussformel muss zur Anrede passen. Beginnt der Brief mit *Sehr geehrte Damen und Herren* passt Freundliche Grüsse. Zur Anrede *Liebe Kolleginnen und Kollegen* passt besser Beste Grüsse oder Herzliche Grüsse. – Die Präposition *mit* ist ein Überbleibsel aus der Formulierung *... und verbleiben mit freundlichen Grüssen*. Sie wird heute kaum noch verwendet. – Statt der Kurzform (Ellipse) *Freundliche Grüsse* verwenden heute viele den ausformulierten Satz: Wir grüssen Sie freundlich. / Wir senden Ihnen freundliche Grüsse. (mit Punkt) – Steht der Gruss in der Einzahl, lautet die grammatisch korrekte Form: Freundlichen Gruss / Besten Gruss / Lieben Gruss. Auch hier handelt es sich um Verkürzungen (Ellipsen). Der Akkusativ aus dem Ganzsatz (*Ich sende dir einen freundlichen/besten/lieben Gruss.*) bleibt also bestehen. Formen im Nominativ wie *Freundlicher Gruss* und *Bester Gruss* sind nicht korrekt. – Die Form *Viele Grüsse* sollte vermieden werden. Denn die Qualität (*freundliche ... / beste ... / liebe ... / herzliche ...*) steht im Vordergrund, nicht die Quantität, also nicht die Anzahl der Grüsse (*einen, ein paar, viele ...*).

	Briefabschluss	
Firmen-name		– Der Firmenname steht zwischen Grussformel und Unterschrift. – Er kann in Klein- oder Grossbuchstaben stehen.
Unterschrift		– Die Unterschrift steht oberhalb des maschinengeschriebenen Namens. – Bei Doppelunterschriften steht die ranghöhere Person links (oder in der oberen Position). – Man kann sowohl in schwarzer als auch in dunkelblauer Farbe unterschreiben.

ABB Schweiz AG Human Resource *Anna Meier* Anna Meier, Leiterin HR	EGK-Gesundheitskasse *St. Sutter* Stefan Sutter Geschäftsleiter	*PBertschi* Paula Bertschi Leiterin Leistungen

Beilage	– Die Beilagen werden am Schluss aufgeführt, auch wenn sie im Brieftext bereits erwähnt sind. Der Hinweis *Beilagen erwähnt* genügt nicht. Vor allem ist die Auflistung bei Bewerbungsbriefen wichtig (siehe Seite 56). – Der Titel *Beilagen* wird nicht geschrieben. – Die Auflistung kann mit oder ohne Aufzählungszeichen erfolgen. Beispiele:

Ohne Aufzählungszeichen: Kopie Rechnung Nr. 236 Kopie Brief vom 7.4.20XX Auftrag vom 12.08.20XX	Mit Aufzählungszeichen: – Kopie Rechnung Nr. 236 – Kopie Brief vom 7.4.20XX – Auftrag vom 12.08.20XX	Mit Aufzählungszeichen: • Kopie Rechnung Nr. 236 • Kopie Brief vom 7.4.20XX • Auftrag vom 12.08.20XX

Nachtrag	– Nachträge in Form eines PS (= Postskriptum, das Nachgeschriebene) werden besonders beachtet. Sie kommen deshalb häufig in Werbebriefen (siehe Seite 74) vor. Statt PS kann als Titel auch NB (notabene, merke wohl) oder Übrigens stehen. Beispiele: PS: Besuchen Sie uns am Stand 16 in der Halle 5. Ein Geschenk wartet auf Sie! NB: Bringen Sie diesen Flyer mit. Sie erhalten damit auf alle Schuhe 10 % Rabatt.

Darstellungsregeln 2: Abkürzungen, Blocksatz, Leerzeilen u. a.

Worum geht es?

Auf dieser Doppelseite sind wichtige Darstellungs- und Schreibregeln erklärt. Die Darstellungsregeln (z. B. Zeilenabstand) richten sich nach der aktuellen Anwendungspraxis in der deutschschweizerischen Geschäftskorrespondenz. Die Schreibregeln (z. B. Abkürzungen) basieren auf den Hinweisen und Regeln des Dudens (www.duden.de).

Kompetenzen
- Ich kenne die wichtigsten Darstellungs- und Schreibregeln und kann diese korrekt anwenden.
- Ich kann Fehler bei der Darstellung und der Schreibweise erkennen und korrigieren.

Abkürzungen	**Abkürzungen mit Punkt** – Bei einer Abkürzung, die vollständig ausgesprochen wird, setzt man einen Punkt. Beispiele: usw. (und so weiter), etc. (et cetera), evtl. (eventuell), bzw. (beziehungsweise), vgl. (vergleiche), Nr. (Nummer), Art. (Artikel), Dr. (Doktor), St. (Stück), Fr. (Franken), Rp. (Rappen), Tsd. (Tausend), Mio. (Million), ff. (folgende Seiten), Abb. (Abbildung) – Bei mehrteiligen Abkürzungen setzt man zwischen die einzelnen Elemente ein geschütztes Leerzeichen (siehe Festabstand): z. B. (zum Beispiel), d. h. (das heisst), z. K. (zur Kenntnis), i. V. (in Vertretung), i. A. (im Auftrag), i. O. (in Ordnung), s. S. (siehe Seite), u. a. (und anderes, unter anderem), m. E. (meines Erachtens), o. Ä. (oder Ähnliches), u. U. (unter Umständen) etc. – Am Satzanfang werden Abkürzungen ausgeschrieben: *Das heisst für uns …* (nicht: *D.h. für uns …*). Fällt ein Abkürzungspunkt mit dem Satzschlusspunkt zusammen, wird nur ein Punkt gesetzt. Beispiel: *Unser Katalog beinhaltet Angebote, Preise, Lieferbedingungen usw.* **Abkürzungen ohne Punkt** – Bei sogenannten Buchstabenwörtern (AHV) und Kurzwörtern (Akku) steht kein Punkt. AHV AG GmbH PIN DIN MWST SBB CEO PC ETH EU ZGB OR PS etc. Akku Euro Uno Uni Pkw Lkw Mofa Muba Olma BEA Suva etc.
Anführungszeichen	In der Schweiz verwendet man meistens die französische Form: «…» In Deutschland setzt man diese Form umgekehrt: »…« Oder man verwendet die „Gänsefüsschen".
Aufzählungszeichen	Für Aufzählungen eignen sich in Briefen und E-Mail-Nachrichten folgende Zeichen: – der Halbgeviertstrich (auch Spiegelstrich) • der fette Punkt (auch bullet point)
Hervorhebungen	Mit Hervorhebungen kann man einzelne Wörter oder Sätze auszeichnen. Doch sie sollten nur sehr sparsam eingesetzt werden, denn sie verlieren sonst die beabsichtigte Wirkung. Am besten eignen sich die **fette Schrift** und die *kursive Schrift*. Nicht verwenden sollte man <u>Unterstreichungen</u>, S p e r r u n g e n und GROSSBUCHSTABEN.
Bindestrich (Divis) -	Den Bindestrich setzt man – als Trennstrich: Binde-strich, Rechnungs-betrag, ver-kaufen, erfolg-reich etc. – bei Worttrennungen zur besseren Lesbarkeit: Tee-Ernte, Druck-Erzeugnisse, Direktmarketing-Analyse, Verkaufsförderungs-Massnahmen etc. – als Kupplungsstrich: Ist-Zustand, Kosten-Nutzen-Rechnung, Albert-Anker-Gasse etc. – bei Auslassungen: Vor- und Nachname, fünf- bis achtmal, Vorder- und Rückseite etc. – bei Zusammensetzungen mit Einzelbuchstaben: x-fach, E-Mail, i-Punkt, T-Shirt etc. – bei Zusammensetzungen mit Ziffern: 3-fach, 12-mal, 100-prozentig, die 20-Jährigen etc.
Blocksatz	Der Blocksatz eignet sich für längere Texte wie mehrseitige Briefe, Berichte, Diplomarbeiten etc. Beim Blocksatz sind die Zeilen vorne und hinten bündig. Damit keine grossen Löcher zwischen den Wörtern entstehen, muss die automatische Trennfunktion eingestellt werden.
Dezimalkomma, Dezimalpunkt	Das Dezimalkomma steht bei Massbezeichnungen: 3,25 Meter / 3,25 m; 0,9 Prozent / 0,9 %; 30,48 Gramm / 30,48 g; minus 15,9 Grad / −15,9 °C etc. Das Dezimalkomma steht bei Währungsangaben: € 18,40 / EUR 18,40 / $ 9,75 / USD 9,75 etc. Der Dezimalpunkt steht bei Frankenbeträgen: CHF 150.60 / 112.50 Schweizer Franken etc.
Festabstand Ctrl + Shift + Leerschlag	Ein Festabstand ist ein geschütztes Leerzeichen. Festabstände setzt man, um Trennungen am Zeilenende zu verhindern; beispielsweise bei z. B. / d. h. / 15 m / 300 Franken / 20. August etc.
Flattersatz	Der linksbündig ausgerichtete Flattersatz ist bei Geschäftsbriefen üblich. Im Gegensatz zum Blocksatz ist der Wortabstand gleich. Doch die Zeilen flattern am rechten Rand unregelmässig. Mit der manuellen Trennfunktion können allzu grosse Unterschiede bei der Zeilenlänge ausgeglichen werden.
Fussnote	Das Einfügen von Fussnoten ist bei kurzen Geschäftsbriefen (1–2 Seiten) unüblich. In längeren Berichten und Gutachten wird hingegen oft mit Fussnoten gearbeitet.

Fusszeilen	Fusszeilen mit der Seitennummerierung sowie anderen Angaben wie Datum, Thema und Autorenschaft können bei längeren Briefen und Berichten eingefügt werden.
Geviertstrich – Ctrl + Alt + - (im Ziffernblock)	Der Geviertstrich wird als Ersatz für fehlende Ziffern verwendet, jedoch nur in Kolonnen. CHF 340.60 CHF 287.– CHF 627.60
Halbgeviertstrich – Ctrl + - (im Ziffernblock)	Der Halbgeviertstrich dient – als Gedankenstrich: Wir brauchen die Ware – und zwar noch diese Woche. – anstelle von Kommas: Die Lieferung erfolgte – wie von Ihnen gewünscht – an die Privatadresse. – als *bis*: vom 14.–17. Januar / 150–170 Personen / von Basel–Chiasso – als *minus*: 1200 – 233 = 987 / –15 Grad Celsius – als Ersatz für fehlende Ziffern: CHF –.90 / CHF 12.–
Leerzeichen	Das Leerzeichen dient zur Abgrenzung von Wörtern, Zeichen und Sätzen innerhalb eines Fliesstextes. Andere Bezeichnungen sind Leerschritt, Leerstelle und Leerschlag.
Leerzeilen	Leerzeilen dienen der Gliederung und der besseren Lesbarkeit von Texten. Für die Darstellung von Geschäftsbriefen sind sie genau definiert. Siehe dazu Seiten 26 f.
Schrägstrich	Der Schrägstrich kann gesetzt werden – anstelle von *und*: unsere Kundinnen/Kunden, am 16./17. November – anstelle von *bis*: das Schuljahr 2018/19, die Region Bern/Thun/Interlaken – als Bruchzeichen: 8/10 Anteile, 30 km/h, 80g/m² – bei Daten: 6/2019 (Juni 2019), 28/10/2019 – bei zweisprachigen Ortsnamen: Biel/Bienne, Neuenburg/Neuchâtel, Brigels/Breil
Schriftgrösse	Die Schriftgrösse 11 Punkt gilt als Standard. Doch je nach Textumfang können auch Grössen zwischen 10 Punkt und 12 Punkt gewählt werden.
Schrifttyp	Bei der Wahl der Schrift ist das wichtigste Kriterium die gute Lesbarkeit. Standard ist die serifenlose Arial-Schrift. Gut eignet sich auch der Schrifttyp **Calibri**. Die **Times New Roman** wirkt heute altmodisch und wenig dynamisch. Wichtig: Nur einen Schrifttyp für den ganzen Text verwenden.
Seitenrand	Rand links 2,5 bis 3,0 cm / Rand rechts 1,5 bis 2.0 cm Siehe dazu auch Seiten 26 f.
Uhrzeiten	Für die Angabe von Uhrzeiten als fixe Zeitpunkte sind möglich: Abfahrt um 13.30 Uhr / 13.30 h / 13:30 h / 13 Uhr 30 (eher selten) Bei Angabe der Zeitdauer setzt man Doppelpunkte: Das Tennisfinale dauerte genau 03:26:54 h.
Worttrennung	Grundsatz 1: Bei Briefen die automatische Trennfunktion ausschalten. So können missverständliche Trennungen wie *bein-halten* (statt *be-inhalten*) vermieden werden. Grundsatz 2: Zugunsten der Lesbarkeit auf Trennungen wenn immer möglich verzichten. Falls Wörter getrennt werden müssen, gelten folgende Regeln: – kurze Wörter nicht trennen: Büro, Termin, Vertrag, kaufen, zahlen, offen etc. – zusammengesetzte Wörter sinnvoll trennen: Büro-möbel, Termin-anfrage, Vertrags-kopie, ver-kaufen, be-zahlen, offen-sichtlich etc. – Zusammengehörendes nicht trennen: Namen Anna von Arb; Daten am 13. Oktober; Ziffern mit Abkürzungen und Zeichen 5 cm, 18 %, CHF 12.50; Mengenangaben 10 bis 15 Personen; Telefonnummern 056 222 04 08; mehrteilige Abkürzungen z. B. / d. h. Hinweis: Solche Trennungen können mit dem Festabstand vermieden werden.
Zeilenabstand	Standard bei Geschäftsbriefe ist der einfache Abstand von 1,0. Doch je nach Textumfang sind auch Abstände von 1,1 bis 1,3 möglich.
Ziffern und Zahlen, Schreibweise	Als Ziffer bezeichnet man das Zeichen, das für eine Zahl steht. Neben den arabischen Ziffern (*1, 2, 3 …*) existieren noch die römischen Ziffern (I = 1, V = 5, X = 10 etc.). Zahlen kann man auch in Buchstaben schreiben: *eins, zwei, drei …* Wann schreibt man Zahlen in Buchstaben? Wann in Ziffern? – Kleine Zahlen können in Buchstaben geschrieben werden: drei Personen, in fünf Tagen, ab zehn Stück etc. Kommen jedoch kleine und grosse Zahlen vor, sollten einheitlich Ziffern verwendet werden: 3 bis 30 Personen, in 7 bis 14 Tagen, ab 10, 20 und 30 Stück. – Ziffern verwendet man in Verbindung mit Wörtern: 9-jährig, 3-mal, 5-fach, 10-prozentig; in Verbindung mit Masseinheiten und Währungen: 3 m, 9 km, 100 g, 8 Franken, CHF 14.–; bei Daten und Uhrzeiten: 23. Dezember, 1. Januar 2020; 14.30 Uhr, 20:15 h. – Mehrteilige Zahlen werden mit Zwischenraum (Festabstand) oder Apostroph unterteilt: CHF 23 456.– oder CHF 23'456.–; die Fläche Kanadas beträgt 9 984 670 km² oder 9'984'670 km².

Formale Darstellung 1: linksbündig

Briefkopf / Logo

xxxxxxxxxxxxx – unterschiedlich je nach Firma, Platzierung in der Regel in der Kopfzeile – xxxxxxxxxx

Anrede (Herr, Frau)
Vorname Name
Strasse Nr.
PLZ Ort
-
-
-
Datum
-
-
-
Brieftitel
-
-
Anrede
-
Xxx xxx xxxxx xxxx xxxx xxxx xxxxx xxxxx xxxxx xxx xxx xxxxxx xxxxxx xxx xxxxxx xx xxxxxx xxxxxx xxx.
Xxx xxx xxxxx xxxx xxxxxxxx xxxxx xxxxx xxxxx xxxxx xxx xxx xxxxxx xxxxxx xxx xxxxxx xxx xxxxxx xxx xxxx xxx.
Xxx xxx xxxxx xxxx xxxxx xxx xxxxx xxxxx xxxxx xxx xxx xxxxx xxxxxx xxx xx xxxx xxxxx xxxxx xxxx xx xxx.
-
Xxx xxx xxxxx xxxx xxxx xxxx xxxxx xxxxx xxxxx xxx xxx xxxxxx xxxxxx xxx xxxxxx xx xxxxxx xxxx xxx xxxx.
Xxx xxx xxxxx xxxx xxxxxxxx xxxxx xxxxx xxxxx xxxxx xxx xxx xxxxxx xxxxxx xxx xxxxxx xxx xxxxxx xxx xxxx xxxx.
Xxx xxx xxxxx xxxx xxxxx xxx xxxxx xxxxx xxxxx xxx xxx xxxxx xxxxxx xxx xx xxxx xxxxx xxxxx xxxx xx xxxx.
-
Xxx xxx xxxxx xxxx xxxx xxxx xxxxx xxxxx xxxxx xxx xxx xxxxxx xxxxxx xxx xxxxxx xxxxxx xx xxxxxx xxx.
Xxx xxx xxxxx xxxx xxxxxxxx xxxxx xxxxx xxxxx xxxxx xxx xxx xxxxxx xxxxxx xxx xxxxxx xxx xxxxxx xxx xxxx xxx.
Xxx xxx xxxxx xxxx xxxxx xxx xxxxx xxxxx xxxxx xxx xxx xxxxx xxxxxx xxx xx xxxx xxxxx xxxxx xxxx xx xxx.
-
Xxx xxx xxxxx xxxx xxxx xxxx xxxxx xxxxx xxx xxx xxx xxxxx xxxxx xxx xxxxxx xxxxxx xx xxxxxx xxx.
Xxx xxx xxxxx xxxx xxxxxxxx xxxxx xxxxx xxx xxxxxx xxx xxxxx xxxxxx xxx xxxxxx xxxxx xxx xxx xxxx xxx.
Xxx xxx xxxxx xxxx xxxxx xxx xxxxx.
-
Grussformel
-
FIRMENNAME
-
-
- *(Unterschrift)*
Vorname Name
-
-
Beilagen

Rand links: 2.5–3 cm

Rand rechts: 1.5–2 cm

Formale Darstellung 2: gemischt- und rechtsbündig

Briefkopf / Logo
xxxxxxxxxxxxxx – unterschiedlich je nach Firma, Platzierung in der Regel in der Kopfzeile – xxxxxxxxxxx

Anrede (Herr, Frau)
Vorname Name
Strasse Nr.
PLZ Ort

·

·

·

Datum

·
·
·

Brieftitel

·

·

Anrede

·

Xxx xxx xxxxx xxxx xxxx xxxx xxxxx xxxxx xxx xxx xxxxxx xxxxxx xxx xxxxxx xx xxxxx xxxxx xxx.
Xxx xxx xxxxx xxxx xxxxxxx xxxxx xxxxxx xxxxx xxx xx xxxxxx xxxxxx xxx xxxxxx xxx xxxx xxxx xxxxxx xxx.
Xxx xxx xxxxx xxxx xxxxx xxx xxxxxx xxxxxx xxxxx xxx xxxx xxxxxx xxxxxx xxx xx xxxx xxxx xxxx xxxxxx xxx.
Xxx xxx xxxxx xxxx xxxxx xxx xxx xxxxxx xxxxx xxxx xxx xxxxxx xxxxxx xxx xx xxxx xxxx xxxx xx xxx.

·

Xxx xxx xxxxx xxxx xxxx xxxxx xxxxxx xxx xx xxxxx xxx xx xxxxxx xxxxxx xxx xxxxxx xx xxxxxx xxxxxx xxx.
Xxx xxx xxxxx xxxx xxxxxx xxxxx xxxx xxx xx xxxxx xxxx xxx xxxxxx xxxxxx xxx xxxxxx xx xxxx xxxxx xxxxxx xxx.
Xxx xxx xxxxx xxxx xxxxx xxx xxxx xxxxx xxxxxx xxxxxx xxx xxxx xxxxxx xxxxxx xxx xx xxxx xxxx xxxx xxx.
Xxx xxx xxxxx xxxx xxxxx xxx xxx xxxxx xxx xx xxxxxx xxxxxx xxx xx xxxxxx xxxxxx xxx xxxx xx xxx.

·

Xxx xxx xxxxx xxxx xxxx xxxxx xxxxxx xx xxxxx xxx x xxxxxx xxxxx xxx xxxxxx xx xxxxxx xxxxxx xxx.
Xxx xxx xxxxx xxxx xxxxxxx xxxxx xxxx xx xxxxxx xxx x xxxxx xxxxxx xxx xxxxxx xx xxxxxx xxxxxx xxx.
Xxx xxx xxxxx xxxx xxxxx xxx xxxx xxxxx xxxxxx xxxxxx xxx xxxx xxxxxx xxxxxx xxx xx xxxx xxxx xxxx xxx.
Xxx xxx xxxxx xxxx xxxxx xxxxx xxxxx xxx xxx xxxxx xxxxxx xxxxx Regel xx xxxx xxxx xxxxx xxxxx xx xxx.

·

Xxx xxx xxxxx xxxx xxxx xxxxx xxxxxx xxx xxx xxx xxxxx xxxxxx xxx xxxxxx xx xxxxxx xxxxxx xxx.
Xxx xxx xxxxx xxxx xxxxxxx xxxxx xxxxxx xxx xxxx xx xxxxx xxxx xxx xxxxxx xxx xxxxxx xxx xxxx xxxxx xxx.
Xxx xxx xxxxx xxxx xxxxx xxx xxxxx.

·	·
Grussformel	Grussformel
·	·
FIRMENNAME	FIRMENNAME
·	·
·	·
· *(Unterschrift)*	· *(Unterschrift)*
Vorname Name	Vorname Name
·	·
·	·
Beilagen	

Rand links: 2.5–3 cm

Rand rechts: 1.5–2 cm

Darstellungsregeln: Übungen

Übung 1

Studieren Sie im Buch die Seiten 22, 23 und 26. Analysieren Sie anschliessend den unten stehenden Brief. Finden Sie die zehn Darstellungsfehler. Verbessern Sie diese.

SCHULE FÜR WEITERBILDUNG SFWB ✻ Pestalozzi-Gasse 35 ✻ 6015 Luzern ✻ www.sfuerwb.ch

An die
CLEAN GmbH
z.H. von Herrn Peter Geissmann
Industriestr. 234
3402 Burgdorf

24. Aug. 18

Anfrage Handreinigungssystem

Sehr geehrter Herr Geissmann,

aus hygienischen Gründen wollen wir in allen öffentlich zugänglichen Räumen unserer Schule die Handreinigung optimieren. Wie unsere Recherchen im Internet ergeben haben, gibt es eine Vielzahl unterschiedlicher Systeme.

Wir sind noch nicht sicher, ob wir die 28 Räume mit Papierhandtüchern ab Rolle oder mit Falthandtüchern ausstatten sollen. Auch bei den Seifenspender-Systemen sind wir noch im Ungewissen. Unsere Entscheidung hängt ab von der Qualität der Produkte, den Lieferterminen sowie den Kosten für Beschaffung, Montage und Bewirtschaftung.

Bitte schicken Sie uns bis Ende September Ihre Unterlagen mit den Preislisten zu. Teilen Sie uns zudem mit, welches Reinigungssystem sich aufgrund Ihrer Erfahrung für öffentliche Gebäude besonders eignet.

Wir verbleiben mit freundlichen Grüssen

SCHULE FÜR WEITERBILDUNG

Marianne Brechtbühl, Schulleiterin

M. Brechtbühl

Übung 2

Studieren Sie die Seiten 24 und 25. Kreuzen Sie bei den Beispielen an, ob diese korrekt oder falsch sind. Korrigieren Sie sämtliche Fehler.

	Beispiele	Korrekt	Falsch	Korrekte Form
1	Mit der Abkürzung A.G.B. sind die allgemeinen Geschäftsbedingungen gemeint.			
2	Bei diesem Angebot kommt ev. noch die Mwst. hinzu.			
3	Der 46-jährige Mann wohnt an der Wilhelm-Tell-Strasse 17.			
4	Das Gerät kostet bei uns SFR. 99.80.–.			
5	Die Sitzung findet um **10.15 Uhr** statt und dauert rund 2 Stunden.			
6	Sie haben für den 20. April Zimmer Nr. 5 gebucht.			
7	Der Schrank ist genau 2,25 m hoch, 62,5 cm tief und 154,40 cm breit			
8	Betriebsferien vom 30.Oktober-20.11.20XX			
9	Unser Preis in CHF: 1200 – 150 = 1050.–			
10	Die Reise nach Südfrankreich findet wie geplant statt.			
11	Zurzeit kostet 1 Schweizer Franken 1.15 Euro.			
12	Unsere neue Telefonnummer lautet: --41(0)562220208			
13	An der Umfrage haben zwanzig Frauen und 30 Männer teilgenommen.			
14	Bitte senden Sie uns Ihren neusten Herbstmode-Katalog zu.			
15	Das Notebook hat einen 17,3 Zoll Touchscreen.			

Teil 2
Geschäftsbriefe

Einführung 32

Bestimmte Anfrage 34

Unbestimmte Anfrage 36

Angebot 38

Bestellung 40

Widerruf 42

Mängelrüge 44

Antwort auf die Mängelrüge 46

Rechnung 48

Liefermahnung 50

Zahlungsmahnung 52

Geschäftsbriefe: Einführung

Worum geht es?

Geschäftsbriefe entstehen, wenn ein Kunde mit einem Anbieter schriftlich Kontakt aufnimmt. Die Briefe beziehen sich immer auf den Handel zwischen den beiden Geschäftspartnern. Der Prozess von der ersten Kontaktaufnahme bis zum Abschluss unterliegt einem bestimmten Ablauf. Die Geschäftspartner verhandeln abwechselnd miteinander. Man spricht von einem ordentlichen und einem ausserordentlichen Geschäftsablauf.

Kompetenzen
– Ich kenne den ordentlichen und ausserordentlichen Ablauf eines Geschäfts.
– Ich kann die verschiedenen Briefarten dem Geschäftsablauf zuordnen.

Der ordentliche Ablauf

Die meisten Geschäfte laufen wie folgt ab:
Anfrage → Angebot → Bestellung → Auftragsbestätigung → Lieferung → Rechnung
Das ist der normale und gewünschte Geschäftsablauf. (Siehe dazu Grafik Seite 33.)

Der ausserordentliche Ablauf

In der Geschäftswelt kommt es immer wieder zu ausserordentlichen Situationen. In diesen Fällen unterbricht der eine oder andere Geschäftspartner den Briefverkehr wegen unerwarteter Vorkommnisse, so beispielsweise wegen Änderungswünschen, Lieferverzögerungen oder Zahlungsproblemen. Freundlich formulierte, kundenorientierte Briefe tragen in solchen Fällen zur Klärung bei. Der ausserordentliche Ablauf ist auf Seite 33 dargestellt.

Textqualität

Die 4K-Qualitäten guter Texte klar, korrekt, kurz, kundenorientiert gelten sowohl für Briefe des ordentlichen als auch des ausserordentlichen Geschäftsablaufs (siehe Seite 8).

Hinweise zu den Lernaufträgen auf den Seiten 35–54:

Die Lernaufträge zu den verschiedenen Geschäftsbriefen beziehen sich jeweils auf den Handel zwischen der Sport-Shop POWER AG und der Werbe-Plus GmbH. Frau Jacqueline Harder ist Geschäftsführerin der Sport-Shop POWER AG. Herr Peter Mettler nimmt die Funktion eines Sachbearbeiters bei der Werbe-Plus GmbH ein. Die beiden wickeln das Geschäft miteinander ab. Da es sich immer um dasselbe Geschäft handelt, wird nur in den ersten beiden Aufgaben die genaue Adresse genannt. Bei einigen Briefsorten wurde auf Aufgaben verzichtet, da sie für den gewählten Handel keinen Sinn ergeben.

Beim Lösen der Aufgaben besteht eine besondere Herausforderung darin, den Perspektivenwechsel zu vollziehen: Die Geschäftsbriefe müssen einmal aus der Sicht Frau Harders, einmal aus der Sicht Herrn Mettlers geschrieben werden. Es gilt also, sich in die jeweilige Person und deren Rolle zu versetzen.

Der ordentliche und ausserordentliche Geschäftsablauf

Die Grafik stellt die einzelnen Schritte des ordentlichen und des ausserordentlichen Geschäftsablaufs dar.

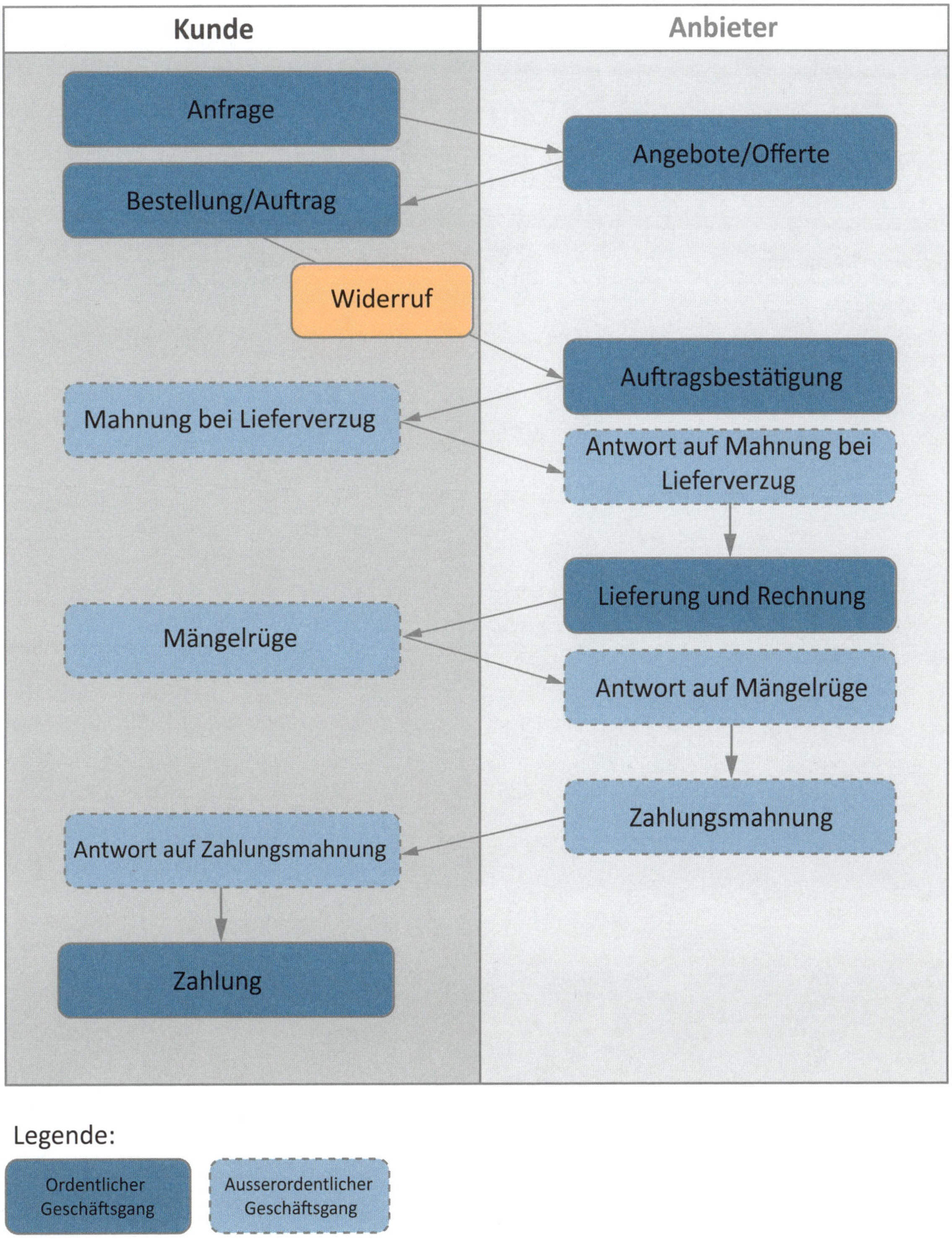

Legende:
- Ordentlicher Geschäftsgang
- Ausserordentlicher Geschäftsgang

Bestimmte Anfrage

Worum geht es?
Mit der bestimmten Anfrage wünschen wir genaue Informationen über eine bestimmte Ware oder Dienstleistung. Die bestimmte Anfrage erfolgt schriftlich. Wichtig ist es, dass wir unsere Wünsche und Erwartungen genau formulieren. Damit vermeiden wir jegliche Missverständnisse.

Kompetenzen
- Ich weiss, was eine bestimmte Anfrage ist.
- Ich kann eine bestimmte Anfrage klar und korrekt verfassen.

Disposition* Textkörper	Hinweise, Rechtliches
– **Betreffzeile** – Anrede – Anlass für die Anfrage, Interesse – Angaben zu den Wünschen – Bitte um detaillierte Offerte – Termin für Antwort – evtl. Ansprechperson – Dank – Gruss Siehe auch Beispiel auf der rechten Seite.	– Eine Anfrage ist kostenlos. – Mit einer Anfrage geht man noch keine rechtliche Verpflichtung ein. – Das Versenden von Tarif- und Preislisten ist unverbindlich. (Art. 7 Abs. 2 des Obligationenrechts OR.) – Wünsche bei Waren: Produkt, Qualität, Menge, Preis, Liefer- und Zahlungsbedingungen etc. – Wünsche bei Dienstleistungen: Umfang, Termine, Qualität, Preis, Zahlungsbedingungen etc.

Ziel: Wir erhalten ein Angebot mit genauen Angaben zur gewünschten Ware oder Dienstleistung.

* Bei der Disposition geht es jeweils um den Textkörper; Briefkopf und Briefschluss sind weggelassen.

Und noch dies:
- Anfragen werden heute oftmals direkt als E-Mail-Text oder als PDF im Anhang einer E-Mail verschickt.
- Auch wenn man am Angebot nicht interessiert ist, sollte man sich dafür bedanken.
- Die Dauer von der Anfrage bis zum Angebot sowie die inhaltliche und sprachliche Qualität der Offerte sagen etwas über Seriosität und Arbeitsqualität des Anbieters oder der Anbieterin aus.
- Nicht nur Tarif- und Preislisten, sondern auch Inserate, Prospekte, Kataloge etc. sind unverbindlich.

Orientierungsbeispiel* bestimmte Anfrage

Brief	Disposition
Anfrage Druck Jahresbericht	⇐ Betreffzeile
Sehr geehrte Damen und Herren	⇐ Anrede
Letztes Jahr liessen wir unseren Jahresbericht als 24-seitigen Farbdruck in A4-Format herstellen. Da unser Verein in den vergangenen Jahren leider Mitglieder verloren hat und somit die Einnahmen tiefer ausfallen, müssen wir unsere Ausgaben senken. Der Vorstand hat daher beschlossen, den Jahresbericht 20XX von 24 auf 16 Seiten zu kürzen und im Fotokopierverfahren herstellen zu lassen. Ich wurde beauftragt, Offerten einzuholen. Bitte unterbreiten Sie uns auf Grundlage der folgenden Angaben ein Angebot:	⇐ Anlass ⇐ Interesse
– Umfang: 16 Seiten – Format: A5-Broschüre, geheftet – Papier Innenseiten: weiss, 120 g/m² – Papier Umschlag: weiss, 200 g/m² – Druckfarbe: Innenseiten schwarz/weiss; Umschlag farbig – Auflage: 600 Stück – Lieferart: Die Broschüren werden abgeholt. – Liefertermin: bis 31. Januar 20XX	⇐ Angaben zu Wünschen
Offerieren Sie uns Variante A wie oben aufgelistet und Variante B mit folgenden Änderungen: Papier Umschlag 120 g/m², Druckfarbe Umschlag schwarz/weiss	⇐ Bitte um Offerte
Bitte stellen Sie mir die Offerte bis 16. November 20XX zu. Besten Dank.	⇐ Termin für Offerte und Dank
Freundliche Grüsse SPORTVEREIN FIT & FUN *J. Fritschi* Jörg Fritschi, Aktuar	⇐ Gruss

*Die Orientierungsbeispiele sind in der Regel ohne Briefkopf dargestellt.

Lernauftrag 1

Jacqueline Harder ist Geschäftsführerin bei Sport-Shop POWER, Hauptgasse 99, in 4500 Solothurn. Sie plant, am Tag der offenen Tür vom 19. April 20XX allen Besucherinnen und Besuchern ein Werbegeschenk zu verteilen. Dabei denkt sie an eine Trinkflasche mit dem Logo der Firma und der Aufschrift **Mit POWER durch den Tag!** Sie holt deshalb bei der Werbe-Plus GmbH, Industriestrasse 24, 4900 Langenthal, eine Offerte ein. Ihre Ansprechperson dort ist Herr Peter Mettler. Er arbeitet als Sachbearbeiter Kundenbetreuung und Verkauf.

Verfassen Sie in Vertretung von Frau Harder die bestimmte Anfrage mit folgenden Angaben:
- 300 Trinkflaschen aus farbigem Aluminium
- Füllmenge max. 0.5 l
- Aufschrift: **Mit POWER durch den Tag!**
- Liefertermin 2. April 20XX
- Lieferung per Post an Sport-Shop POWER
- Preis inkl. MWSt und Mengenrabatt
- Antwort bis 31. Januar 20XX

Verwenden Sie dazu die Disposition auf den Seiten 99–100.

Unbestimmte Anfrage

Worum geht es?
Mit einer unbestimmten Anfrage bekunden wir unser Interesse an einer Ware oder Dienstleistung und holen allgemeine Informationen ein. Der Brief ist in den meisten Fällen die erste Kontaktaufnahme mit einem Anbieter. In der Regel reagiert dieser mit einem Angebot, auch Offerte genannt.

Kompetenzen
- Ich kenne den Unterschied zwischen einer unbestimmten und einer bestimmten Anfrage.
- Ich kann eine unbestimmte Anfrage klar und korrekt verfassen.

Disposition Textkörper	Hinweise, Rechtliches
– **Betreffzeile** – Anrede – Anlass für die Anfrage, Interesse – Bitte um Informationen und Unterlagen – Datum für Antwort/Unterlagen – evtl. Ansprechperson – Dank – Gruss Siehe auch Beispiel auf der rechten Seite.	– Eine Anfrage ist kostenlos. – Mit einer Anfrage geht man noch keine rechtliche Verpflichtung ein.

Ziel: Wir erhalten allgemeine Informationen über ein Warenangebot oder eine Dienstleistung. Der Anbieter stellt uns Unterlagen wie Prospekte, Kataloge, Tarif- und Preislisten u. a. zu.

Und noch dies:
- Unbestimmte Anfragen werden heute in der Regel direkt als E-Mail-Text oder als PDF im Anhang einer E-Mail verschickt.
- Auch wenn man an der Offerte nicht interessiert ist, sollte man sich dafür bedanken.
- Die Dauer von der Anfrage bis zur Reaktion, aber auch die inhaltliche und sprachliche Qualität der Offerte zeigen, wie seriös und kundenorientiert der Anbieter oder die Anbieterin arbeitet.

Orientierungsbeispiel unbestimmte (allgemeine) Anfrage

	Disposition
Anfrage Handreinigungssystem	⇐ Betreffzeile
Sehr geehrter Herr Geissmann	⇐ Anrede
Aus hygienischen Gründen wollen wir in allen öffentlich zugänglichen Räumen unserer Schule die Handreinigung verbessern. Wie unsere Recherchen im Internet ergeben haben, gibt es eine Vielzahl unterschiedlicher Systeme.	⇐ Anlass ⇐ Interesse
Wir sind noch nicht sicher, ob wir die 28 Räume mit Papierhandtüchern ab Rolle oder mit Falthandtüchern ausstatten wollen. Auch bei den Seifenspender-Systemen sind wir noch im Ungewissen. Die Entscheidung hängt ab von der Qualität der Produkte, den Lieferterminen sowie von den Kosten für Beschaffung, Montage und Bewirtschaftung.	
Bitte stellen Sie uns bis Ende August 20XX Unterlagen mit den entsprechenden Preislisten zu. Teilen Sie uns zudem mit, welches Reinigungssystem sich aufgrund Ihrer Erfahrung für öffentliche Gebäude wie Schulen am besten eignet. Besten Dank.	⇐ Bitte um Unterlagen ⇐ Datum für Antwort ⇐ Dank
Freundliche Grüsse	⇐ Gruss
SCHULE FÜR WEITERBILDUNG	
M. Brechtbühl	
Marianne Brechtbühl, Schulleiterin	

Lernauftrag 2

Jacqueline Harder ist Geschäftsführerin bei Sport-Shop POWER, Hauptgasse 99, in 4500 Solothurn. Sie plant, am Tag der offenen Tür vom 19. April 20XX allen Besucherinnen und Besuchern ein Werbegeschenk zu verteilen. Dabei denkt sie an eine Trinkflasche mit dem Logo der Firma und der Aufschrift **Mit POWER durch den Tag!** Daher erkundigt sie sich bei der Werbe-Plus GmbH, Industriestrasse 24, 4900 Langenthal, nach farbigen Trinkflaschen (max. 0,5 l). Sie erwartet eine Antwort bis 15. Januar 20XX.

Schreiben Sie in Vertretung von Frau Harder eine unbestimmte Anfrage an die Werbe-Plus GmbH.
Verwenden Sie dazu die Disposition auf den Seiten 99–100.

Angebot

Worum geht es?

Das Angebot ist eine wichtige Grundlage für ein neues Geschäft. Entscheidend ist, ob es gelingt, die Kunden von der Qualität und vom Nutzen der Ware oder der Dienstleistungen zu überzeugen. Obwohl bei einem Angebot die Sachinformation im Vordergrund steht, darf das Schreiben auch werbende Botschaften enthalten. Wichtig: Angebote sind verbindlich, sofern nicht ausdrücklich auf die Unverbindlichkeit hingewiesen wird.

Kompetenzen
- Ich kenne den Unterschied zwischen einem verbindlichen und einem unverbindlichen Angebot.
- Ich kann ein verbindliches und ein unverbindliches Angebot verfassen.

Verbindliches Angebot

Disposition Textkörper	Hinweise, Rechtliches
– **Betreffzeile** – Anrede – Dank für die Anfrage, Freude über Interesse – Offerte mit allen wichtigen Angaben: Produkt, Qualität, Menge, Stückpreis, Preis inkl. Liefer- und Zahlungsbedingungen, Termine etc. – Gültigkeitsdauer – Vorzüge – werbender Schluss – Gruss – evtl. ein werbendes PS Siehe auch das Orientierungsbeispiel auf der rechten Seite.	– Angebote sind kostenlos. – Angebote sind grundsätzlich verbindlich. – In der Regel ist ein Angebot befristet (*Offerte gültig bis …*). – Die Verbindlichkeit des Angebots ist aufgehoben, wenn keine Reaktion der Kundin bzw. des Kunden innerhalb der definierten Frist erfolgt (Art. 3 Abs. 2 OR). – Im OR wird für das Angebot der Begriff *Antrag* verwendet. Der Antrag (Angebot/Offerte) ist die erste Willenserklärung zu einem Vertragsabschluss.

Ziel: Die Kundin bzw. der Kunde ist vom Angebot überzeugt und gibt die Bestellung auf.

Unverbindliches Angebot

Nach Art. 7 Abs. 1 OR ist ein Angebot unverbindlich, wenn der Anbieter dies ausdrücklich deklariert: *unverbindliches Angebot / Angebot ohne Verbindlichkeit / Preisänderungen vorbehalten / Preisangaben ohne Gewähr / solange Vorrat*. Unverbindlich ist auch das Versenden von Tarif- und Preislisten (Art. 7 Abs. 2 OR).

Gegenangebot

Bei fehlender Übereinstimmung in Preis, Qualität, Menge, Zahlungskonditionen, Lieferfrist u. a. macht die Kundin oder der Kunde häufig ein Gegenangebot. Die Änderungswünsche sind sachlich zu begründen. Es liegt im Ermessen des Anbieters, ob er auf die Änderungsvorschläge eingeht oder nicht. Geht es lediglich um einen unwesentlichen Änderungswunsch gegenüber der ursprünglichen Anfrage oder dem Angebot (z. B. Farbe Blau statt Rot), handelt es sich bereits um eine Bestellung, jedoch mit kleiner Änderung.

Und noch dies:
- Angebote werden auch Offerten genannt.
- Das Angebot ist von einer blossen Preisschätzung zu unterscheiden; diese ist unverbindlich.
- Sollte sich abzeichnen, dass der Rechnungsbetrag wesentlich höher ausfallen wird als offeriert, muss die Kundin bzw. der Kunde darüber informiert werden.

Orientierungsbeispiel Angebot

	Disposition

Offerte Jahresbericht 20XX ⇐ Betreffzeile

Guten Tag Herr Fritschi ⇐ Anrede

Besten Dank für Ihre Anfrage vom 8. November 20XX. Gerne unterbreiten wir Ihnen gemäss Ihren Angaben und Wünschen folgendes Angebot:
⇐ Dank
⇐ Freude

Variante A
600 Exemplare, 16 Seiten, Format A5
Papier Innenseiten 120 g/m², Umschlag 200 g/m²
Druckfarbe Innenseiten schwarz/weiss, Umschlag farbig
Vorlage ab Daten
Broschüren sind ab 31. Januar 20XX abholbereit.
Zahlung 30 Tage netto **CHF 678.00**

⇐ Offerte mit genauen Angaben

⇐ Preis

Variante B
600 Exemplare, 16 Seiten, Format A5
Papier Innenseiten und Umschlag 120 g/m²
Druckfarbe Innenseiten und Umschlag schwarz/weiss
Vorlage ab Daten
Broschüren sind ab 31. Januar 20XX abholbereit.
Zahlung 30 Tage netto **CHF 624.00**

⇐ Preis

Die Preise verstehen sich inklusive 7,7 % MWST und gelten bis Ende 20XX. ⇐ Gültigkeit

Mit unserer Willkommens-Aktion (siehe PS) kostet Variante A noch CHF 610.20. Somit ist der Preisunterschied zur Variante B mehr als wettgemacht.

Wir sichern Ihnen eine einwandfreie Qualität und pünktliche Lieferung zu. Gerne erwarten wir Ihre Bestellung und freuen uns, Sie als Neukunde zu begrüssen.
⇐ werbender Schluss

Freundliche Grüsse ⇐ Gruss

COPY CORNER TOP

P. Neuhaus
Patricia Neuhaus

PS: Als Neukunde profitieren Sie noch bis Ende Jahr von unserer Willkommens-Aktion. Sie erhalten auf alle Druckaufträge einen Rabatt von 10 Prozent!
⇐ werbendes PS

Lernauftrag 3

Schlüpfen Sie in die Rolle von Peter Mettler und unterbreiten Sie eine Offerte an Jacqueline Harder, siehe Anfrage Seite 35. Berücksichtigen Sie dabei Frau Harders Wünsche für die Trinkflaschen. Machen Sie ausserdem auf den Rabatt von 10 Prozent aufmerksam, den alle Neukunden bei Bestellungen bis 28. Februar 20XX erhalten.

Verwenden Sie dazu die Disposition auf den Seiten 99–100.

Bestellung

Worum geht es?

Mit der Bestellung einer Ware oder dem Auftrag für eine Dienstleistung schliessen wir einen Kaufvertrag ab. Dieser gilt als abgeschlossen, wenn die Bestellung rechtzeitig beim Anbieter eintrifft und dem vorausgegangenen verbindlichen Angebot entspricht.

Kompetenzen
- Ich kenne die rechtlichen Verpflichtungen, die ich mit einer Bestellung eingehe.
- Ich kann eine Bestellung korrekt und vollständig erfassen.

Disposition Textkörper	Hinweise, Rechtliches
– **Betreffzeile** – Anrede – Dank für das Angebot – Bestellung mit allen wichtigen Angaben – evtl. Bitte um Bestell- bzw. Auftragsbestätigung – Hoffnung auf vollständige, einwandfreie und termingenaue Lieferung bzw. Ausführung – evtl. Vorfreude auf Lieferung – Gruss Siehe auch Beispiel auf der rechten Seite.	– Wichtige Angaben: Produkt, Qualität, Menge, Stückpreis, Preis inkl. Lieferung, Zahlungsbedingungen, Termine etc. – Wenn die Bestellung mit dem vorausgegangenen Angebot übereinstimmt, liegen zwei sogenannte übereinstimmende gegenseitige Willenserklärungen vor. Damit kommt nach Art. 1 Abs. 1 OR ein verbindlicher Vertrag zustande.

Ziel: Die Lieferung der Ware oder das Erbringen der Dienstleistung erfolgt vollständig und termingerecht.

Bestätigung der Bestellung

In der Regel erhält die Kundin bzw. der Kunde im Anschluss an die Bestellung oder den Auftrag eine Bestätigung. Diese erfolgt oftmals per E-Mail. Vor allem bei Bestellungen mit längeren Lieferterminen ist es ratsam, eine Auftragsbestätigung zu verlangen.

Und noch dies:
- Eine Bestellung sollte immer schriftlich erfolgen. Damit ist sie dokumentiert und Missverständnisse können vermieden werden.
- Der Lieferant kann eine Bestellung ablehnen, wenn sie später bei ihm eintrifft als im verbindlichen Angebot steht.
- Bestellungen von Reisen, Flügen und Unterkünften nennt man Buchungen.

Orientierungsbeispiel Bestellung

	Disposition
Bestellung Büromöbel	⇐ Betreffzeile
Sehr geehrte Frau Schnidrig	⇐ Anrede
Besten Dank für Ihre Offerte vom 27. Juni 20XX. Ihr Angebot Nr. 01-064825 überzeugt uns in allen Punkten. Wir bestellen daher folgende Artikel:	⇐ Dank

Anzahl	Art-Nr.	Beschreibung	Masse mm L x B x H	Preis CHF	Gesamtpreis CHF
1	0678	Konferenztisch gross Modell THEBA	2800x1300x740	2878.–	2878.–
10	4825	Freischwinger Modell ALILA 150		335.–	3350.–
1	1310	Konferenztisch klein Modell METO	1500x900x740	1740.–	1740.–

⇐ Bestellung mit genauen Angaben

Zahlungskonditionen: 10 Tage mit 2 % Skonto, 30 Tage netto, inkl. MWST.

Bitte senden Sie uns in den nächsten Tagen eine Bestellbestätigung.   ⇐ Bitte um Auftragsbestätigung

Wir erwarten die Ware wie vereinbart bis 15. Juli 20XX. Bitte rufen Sie mich am Vortag an, damit wir die Anlieferung regeln können.   ⇐ Lieferung

Freundliche Grüsse   ⇐ Gruss

SWISS TOPGRO

P. Kaufmann
Paula Kaufmann

Lernauftrag 4

Frau Jacqueline Harder ist mit dem Angebot von Herrn Peter Mettler sehr zufrieden. Vor allem der Rabatt von 10 Prozent freut sie. Sie bestellt daher bei der Werbe-Plus-GmbH 300 rote Trinkflaschen, so wie offeriert.

Verfassen Sie nun in Frau Harders Rolle eine Bestellung der Trinkflaschen.
Verwenden Sie dazu die Disposition auf den Seiten 99–100.

Widerruf

Worum geht es?

Wer eine Ware bestellt, geht rechtlich gesehen eine verbindliche Geschäftsbeziehung ein. Doch nach Art. 9 OR kann eine Bestellung widerrufen werden. Trifft der Widerruf vor oder spätestens gleichzeitig mit der Bestellung ein, gilt das Geschäft als nicht gültig. Bei einem späteren Eintreffen bleibt die Verbindlichkeit bestehen. Der Lieferant kann dann entscheiden, ob er die Annullierung akzeptiert oder nicht.

Kompetenzen
- Ich kenne die gesetzlichen Vorgaben bei einem Widerruf.
- Ich kann einen Widerruf korrekt abwickeln.

Disposition Textkörper	Hinweise, Rechtliches
– **Betreffzeile** – Anrede – Bezug auf Bestellung/Auftrag – Widerruf – Begründung – Bitte um Verständnis und Entgegenkommen – evtl. weitere Aufträge in Aussicht stellen – Gruss Siehe auch Beispiel auf der rechten Seite.	– Die gesetzliche Regelung des Widerrufs gilt auch für den Lieferanten. Auch er kann ein Angebot für Waren widerrufen.

Ziel: Die Lieferantin bzw. der Lieferant akzeptiert den Widerruf.

Gründe für die Annahme oder Ablehnung

Annahme	Ablehnung
– langjährige, gute Geschäftsbeziehung – pünktliche Zahlungen – Gattungsware (ersetzbare Massenware) – Ersatzaufträge in Aussicht – keine Unkosten durch den Widerruf	– mühsame Geschäftsbeziehung, «Mahn-Kunde» – Einzelanfertigung (z. B. Hochzeitskleid) – Spezieswaren (Unikate, z. B. ein Kunstgemälde) – keine Aussicht auf weitere Bestellungen – bereits erfolgte Teillieferung

Und noch dies:

Der Widerruf gilt nur, wenn er vor oder spätestens zusammen mit der Bestellung eintrifft. Rasches Reagieren ist also angesagt. Kündigen Sie den Widerruf telefonisch an und senden Sie anschliessend eine E-Mail oder ein Fax. Gehen Sie auf Nummer sicher und schicken Sie den Widerruf zusätzlich per Post, am besten eingeschrieben und als Express. Warten Sie die Reaktion ab. Antwortet der Lieferant nicht, bedeutet dies, dass er den Widerruf angenommen hat.

Orientierungsbeispiel Widerruf

Widerruf Auftrag vom 24.06.20XX ⇦ Betreffzeile

Sehr geehrter Herr Geissmann ⇦ Anrede

Am 24. Juni 20XX erteilten wir Ihnen den Auftrag, an unserer Schule 28 Räume mit neuen Spendern für Falthandtücher und Flüssigseife auszustatten. Gesamtpreis inklusiv Montage CHF 2540.00. Leider müssen wir heute diesen Auftrag widerrufen.

⇦ Bezug auf Bestellung
⇦ Widerruf

An der gestrigen Sitzung des Schulvorstandes informierte uns der Vertreter des Stadtrates, dass im Januar 20XX in sämtlichen städtischen Gebäuden die Handreinigungssysteme erneuert werden. Der Auftrag wird aufgrund von Offerten durch das Stadtbauamt erteilt, welches auch für die Koordination und Montage zuständig ist. Die gesamten Kosten gehen zu Lasten der Gemeindebudgets.

⇦ Begründung

Da unsere Schule in einem Gebäude der Stadt eingemietet ist, hat diese für uns überraschende Mitteilung die Ausgangslage völlig verändert. Es wäre sinnlos, wenn wir zum jetzigen Zeitpunkt das Handreinigungssystem auf eigene Kosten erneuerten. Wir bitten Sie daher, unseren Widerruf anzunehmen, und danken Ihnen für Ihr Verständnis und Entgegenkommen.

⇦ Bitte um Verständnis und Entgegenkommen

Mit der bisherigen Zusammenarbeit waren wir sehr zufrieden. Die uns zugestellten Unterlagen haben uns gedient und das Beratungsgespräch von Mitte Mai mit Herrn Erwin Zürcher war äusserst konstruktiv und informativ. Wir werden Ihre Offerte und die entsprechenden Unterlagen mit einem Empfehlungsschreiben an den Chef des Stadtbauamts weiterleiten.

⇦ Aussicht auf weitere Aufträge

Freundliche Grüsse ⇦ Gruss

SCHULE FÜR WEITERBILDUNG

M. Brechtbühl

Marianne Brechtbühl, Schulleiterin

Disposition

Mängelrüge

Worum geht es?
Ab und zu kann es vorkommen vor, dass wir mit einer Dienstleistung nicht zufrieden sind oder dass eine falsche oder mangelhafte Ware geliefert wird. Doch Fehler ist nicht gleich Fehler. Dementsprechend sind die Konsequenzen unterschiedlich. Fehlende Batterien bei einer Lieferung von Taschenlampen sind rasch ersetzt, Visitenkarten mit einer falschen Grammatur können trotzdem verwendet werden. Schwieriger wird es bei versteckten Mängeln, die beispielsweise erst nach einem Jahr festgestellt werden. – Wie muss man vorgehen? Welche Rechte hat man?

Kompetenzen
- Ich kenne die möglichen Vorgehensweisen bei der Warenprüfung.
- Ich kann eine korrekte und sachlich begründete Mängelrüge verfassen.

Disposition Textkörper	Hinweise, Rechtliches
– **Betreffzeile** – Anrede – Bezug auf Lieferung, Dienstleistung; evtl. Dank – Hinweis auf Prüfung bzw. Beschwerden – Mängel bzw. Beschwerden benennen – Enttäuschung ausdrücken – Forderungen formulieren und begründen – Bitte um Stellungnahme – Gruss – evtl. Beilagen Siehe auch Beispiel auf der rechten Seite.	– Das Reizwort *Mängelrüge* im Brieftitel vermeiden. Denn wo gearbeitet wird, passieren Fehler. Wer wird schon gerne dafür «gerügt»? – evtl. als «Einschreiben» verschicken – mögliche Beilagen: Protokoll, Fotos, Fachbericht u. a. – Rechtliches: siehe unten.

Ziel: Der Verkäufer bzw. die Verkäuferin akzeptiert die vorgeschlagene Lösung.

Vorgehen

1. Ware prüfen
Nach dem Obligationenrecht ist der Käufer verpflichtet, die Ware zu prüfen (Art. 201 Abs. 1 OR). Versäumt der Käufer die Prüfung, so gilt die Ware als akzeptiert, sofern es sich nicht um versteckte Mängel handelt oder der Verkäufer den Käufer nicht absichtlich getäuscht hat.

2. Mängel anzeigen
Der Käufer muss dem Verkäufer die offensichtlichen Mängel sofort anzeigen (Art. 201 Abs. 1 OR). Dies sollte aus Beweisgründen wenn immer möglich schriftlich erfolgen. Bei nicht sofort erkennbaren Mängeln (versteckte Mängel) haftet der Verkäufer zwei Jahre ab Lieferdatum (Art. 210 OR) oder gemäss Garantievereinbarung.

3. Reaktion abwarten
Bei einem Distanzverkauf muss die mangelhafte Ware aufbewahrt werden. Bei einem Platzverkauf, etwa auf dem Monatsmarkt, kann die Ware sofort zurückgegeben bzw. eingetauscht werden.

Möglichkeiten und Rechte des Käufers nach OR

Ersatzlieferung	Die Ware wird durch einwandfreie Ware ersetzt; bei Gattungsware der Normalfall.
Preisnachlass	Der Käufer kann einen Preisnachlass (Rabatt) verlangen und die Ware behalten bzw. die mangelhafte Dienstleistung akzeptieren; im OR «Minderung» genannt.
Verzicht	Der Käufer kann auf die Ware verzichten und somit den Vertrag rückgängig machen, im OR «Wandelung» genannt; kommt vor allem bei Speziesware (Einzelanfertigungen) vor.

Orientierungsbeispiel Mängelrüge

	Disposition
Kalter Kaffee	⇐ Betreffzeile
Sehr geehrte Damen und Herren	⇐ Anrede
Die neue Kaffeemaschine PREMIUM Compact 3000B hat uns bis heute mehr Verdruss als (Kaffee-)Genuss bereitet. Gleich nach dem Kauf am 12. September 20XX mussten wir die Maschine zur Reparatur zurückbringen. Der Defekt bei der Abschaltautomatik wurde nach ganzen drei Wochen behoben. Und jetzt funktioniert nach nur einer Woche Betrieb die Wassererhitzung nicht richtig; der Kaffee fliesst nur noch lauwarm oder kalt in die Tassen.	⇐ Bezug auf Lieferung ⇐ Mängel nennen
Sicher können Sie verstehen, dass wir sehr enttäuscht sind, zumal Sie uns die PREMIUM Compact 3000B mit dem Hinweis auf die «qualitativ hochstehende Schweizer Produktion» wärmstens empfohlen haben. Doch für den stolzen Preis von über 1500 Franken haben wir, was Qualität und Zuverlässigkeit anbelangt, mehr erwartet!	⇐ Enttäuschung ausdrücken
Nach diesen Unannehmlichkeiten haben wir kein Vertrauen mehr in die PREMIUM Compact 3000B und wollen sie gegen ein anderes, typenähnliches Produkt mit denselben Funktionen eintauschen. Sollte dies nicht möglich sein, wollen wir den Kauf rückgängig machen und die Kaffeemaschine zurückbringen. In diesem Fall erwarten wir, dass Sie den Kaufpreis zurückerstatten.	⇐ Forderung formulieren
Wir bitten Sie um Ihre Stellungnahme bis Ende November.	⇐ Bitte um Stellungnahme
Freundliche Grüsse	⇐ Gruss
D. Meyer-Berger	
Delia Meyer-Berger	
Kopie Reparaturschein	⇐ Beilage

Lernauftrag 5

Die Firma Sport-Shop POWER hat die 300 Trinkflaschen erhalten. Die Freude darüber währt aber nur kurz. Beim Auspacken der Ware stellt ein Angestellter fest, dass bei 64 Flaschen der Aufdruck des Slogans unsauber (verschoben) ist. Zudem fehlen bei 22 Flaschen die dazu passenden Karabinerhaken. Frau Jacqueline Harder nimmt sofort Kontakt auf mit Herrn Peter Mettler und meldet ihm die Mängel. Sie drängt darauf, dass die mangelhaften Flaschen innerhalb von fünf Arbeitstagen ersetzt und die fehlenden Karabinerhaken nachgeliefert werden.

Verfassen Sie Frau Harders Mängelrüge an Herrn Peter Mettler.
Verwenden Sie dazu die Disposition auf den Seiten 99–100.

Antwort auf die Mängelrüge

Worum geht es?

Beim Beantworten von Mängelrügen und Beschwerden ist psychologisches Geschick gefragt. Oberstes Ziel muss sein, die Kundenbeziehung zu erhalten. Falls der Fehler eindeutig beim Lieferanten bzw. beim Dienstleistungserbringer liegt, ist eine höfliche Entschuldigung und rasche Wiedergutmachung selbstverständlich. Liegt der Fehler nicht oder nur zum Teil beim Verkäufer, teilt er dies ohne Schuldzuweisung oder Unterstellungen sachlich mit und beschreibt das weitere Vorgehen. Das macht einen seriösen, professionellen Eindruck, und die Kunden fühlen sich ernst genommen. Auf keinen Fall darf es bei Beanstandungen und Beschwerden zu einem Schlagabtausch kommen; eine partnerschaftliche, versöhnliche Lösung muss das Ziel sein.

Kompetenzen

- Ich kenne die rechtlichen Möglichkeiten der Kunden bei mangelhafter Ware oder ungenügender Dienstleistung.
- Ich kann auf die Mängelrüge angemessen, sachlich und kundenorientiert reagieren.

Disposition Textkörper	Hinweise
– **Betreffzeile** – Anrede – Dank, Verständnis, Bedauern ausdrücken – Entschuldigung – Sachlage klären – Lösung präsentieren – versöhnlicher Schluss – Gruss – evtl. Beilagen Siehe auch Beispiel auf der rechten Seite.	– Titel mit Reizwörtern wie *Ihre Mängelrüge* oder *Ihre Reklamation* vermeiden. Neutrale Formulierungen wie *Ihr Schreiben vom ...* verwenden. – in den ersten Sätzen auf eine starke Kundenorientierung achten; Anredepronomen wie *Sie, Ihr, Ihre* etc. verwenden – mögliche Beilagen: Gutschein, Prospekt, Preisliste u. a.

Ziel: Die Kundin bzw. der Kunde fühlt sich ernst genommen, ist zufrieden mit der Lösung und bleibt Ihnen als Geschäftspartner erhalten.

Und noch dies:

- Berücksichtigen Sie bei Ihrem Lösungsvorschlag die verschiedenen Möglichkeiten nach OR, siehe Seite 44.
- Bleiben Sie sachlich und freundlich, auch wenn die Mängelrüge oder Reklamation in einem vorwurfsvollen, aggressiven Ton abgefasst ist.
- Vermeiden Sie die Falschform *Wir entschuldigen uns für ...* Denn man kann die eigene Schuld nicht einfach selbst aufheben, also sich entschuldigen. Doch man kann den anderen darum bitten, die Schuld von einem wegzunehmen. Korrekt ist also: *Bitte entschuldigen Sie ...*

Orientierungsbeispiel Antwort auf die Mängelrüge

Disposition

Ihr Schreiben vom 20. September 20XX ⇐ Betreffzeile

Sehr geehrte Frau Meyer-Berger ⇐ Anrede

Sie haben Recht: Von einem Qualitätsprodukt wie der PREMIUM Compact 3000B darf erwartet werden, dass es einwandfrei funktioniert. Wir können Ihren Unmut verstehen. Bitte entschuldigen Sie, dass Ihre Erwartungen nicht erfüllt wurden.

⇐ Verständnis, Bedauern
⇐ Entschuldigung

Gleich nach Eingang Ihrer Beschwerde starteten wir bei unseren Filialen eine Umfrage, um herauszufinden, ob die von Ihnen beschriebenen Mängel auch bei anderen Maschinen aufgetaucht sind. Zudem nahmen wir mit der Herstellungsfirma in Uster Kontakt auf. Das Resultat: Bei einigen anderen Geräten funktionierte die Abschaltautomatik ebenfalls nicht, was auf einen Fehler bei der Produktion zurückzuführen ist. Hingegen gab es bis heute keine negativen Rückmeldungen zur Wassererhitzung.

⇐ Sachlage klären

Der Hersteller hat uns mitgeteilt, dass Ihre Maschine eingeschickt werden kann. Die Reparatur dauert mindestens zwei Wochen. Doch nachdem Sie bereits eine erste Reparaturarbeit erdulden mussten, haben wir Verständnis dafür, dass Sie die Maschine gegen ein anderes Produkt eintauschen wollen.

⇐ Lösung präsentieren

Bitte melden Sie sich in den nächsten Tagen bei unserem Kundendienst. Bringen Sie die PREMIUM Compact und dieses Schreiben mit. Verlangen Sie unsere Filialleiterin, Frau Irmgard Notaris. Sie wird Ihnen die typenähnlichen Produkte vorstellen. Sollten Sie sich für ein teureres Modell entscheiden, übernehmen wir als Entschädigung für Ihre Umtriebe die Mehrkosten bis zu maximal 100 Franken.

⇐ versöhnlicher Schluss

Freundliche Grüsse ⇐ Gruss

ELECTRONIS RETAIL

M. Hunziker
Martin Hunziker

Lernauftrag 6

Herr Peter Mettler von der Werbe-Plus GmbH ist verärgert darüber, dass der Auftrag für den Sport-Shop POWER nicht zur Zufriedenheit des Kunden ausgeführt wurde. Er antwortet Frau Harder umgehend auf deren Mängelrüge. Die Firma Werbe-Plus GmbH ersetzt anstandslos innerhalb von fünf Tagen die mangelhaften Trinkflaschen und zeigt sich kulant: Die fehlenden 22 Karabinerhaken werden sofort nachgeliefert und als Entschädigung für den Ärger nicht verrechnet.

Verfassen Sie die Antwort auf Frau Harders Mängelrüge.
Verwenden Sie dazu die Disposition auf den Seiten 99–100.

Rechnung

Worum geht es?

Eine Rechnung – auch Faktura genannt – ist ein Dokument, in dem Forderungen für eine erbrachte Dienstleitung oder ein geliefertes Produkt aufgelistet sind. Sie kann direkt mit der Ware, als separate Briefpost oder als E-Rechnung zugestellt werden. Heute werden Rechnungen häufig online per E-Banking beglichen. Trotz dieser neuen Abläufe gibt es das klassische Rechnungsformular noch immer. Es ist ein wichtiges Dokument für den Zahlungsnachweis und auch für die Steuerbehörde. In der Schweiz gelten verschiedene Verjährungsfristen. Als Faustregel gilt eine Aufbewahrungszeit von zehn Jahren.

Kompetenzen
- Ich weiss, wie eine Rechnung aufgebaut ist.
- Ich kann eine Ware oder Dienstleistung inhaltlich und formal korrekt in Rechnung stellen.

Disposition Textkörper	Hinweise, Rechtliches
– Bestell- oder Auftragsnummer – **Betreffzeile** – evtl. Lieferdatum oder Leistungsdatum – Ware, Dienstleistung – Einzelpreis – Gesamtpreis – MWST-Betrag – Endbetrag (inkl. MWST-Betrag) – Zahlungskonditionen – Dank plus evtl. werbender Teil – MWST-Nummer – Bank-, Postverbindung – IBAN-Nummer Siehe auch Beispiel auf der rechten Seite.	– in der Betreffzeile *Rechnung* oder *Rechnungs-Nr.* verwenden – Rechnungen müssen nicht unterschrieben werden. – evtl. Skonto gewähren (soll dazu motivieren, die Rechnung rasch zu bezahlen) – evtl. Rabatt geben (Rabatte können die Kundenbeziehung stärken, so z. B. der Treuerabatt)

Ziel: Der geschuldete Betrag wird fristgerecht überwiesen.

Und noch dies:
- Die übliche Zahlungsfrist ist 30 Tage. Es können aber auch längere (z. B. 60 Tage) oder kürzere Fristen (z. B. 20 oder 10 Tage) gesetzt werden. Für Rechnungen werden oftmals standardisierte Vorlagen verwendet.
- Bei Serviceleistungen (z. B. Reparatur einer defekten Heizung) wird der Rechnung in der Regel eine Kopie des Arbeitsrapports beigelegt. So können die Kundinnen und Kunden nachprüfen, ob der Rechnungsbetrag mit der erbrachten Leistung übereinstimmt.
- Eine einfache Bezahlmöglichkeit ist das sogenannte Lastschriftenverfahren (LSV). Dabei wird die Rechnung automatisch abgebucht. Sie kann somit nicht im Voraus kontrolliert werden.

Orientierungsbeispiel Rechnung

	Disposition
(Firmenlogo)	⇐ Kunde
SWISS TOPGRO Dammweg 5 3053 Münchenbuchsee	

Urtenen-Schönbühl, 23.07.20XX

Rechnung Nr. 1324 ⇐ Betreffzeile Rechnung

Bestell-Nr. 20XX-974-01 ⇐ Bestell-Nr.
Lieferung, 15. Juli 20XX ⇐ Identifikation und Datum
Büromöbel

Anzahl	Artikel	Beschreibung	Einzelpreis CHF	Betrag CHF	
1	0678	Konferenztisch / THEBA	CHF 2'878.00	CHF 2'878.00	⇐ Einzelpreis
1	1310	Konferenztisch / METO	CHF 1'740.00	CHF 1'740.00	⇐ Einzelpreis
10	4825	Konferenzstuhl / ALILA 150	CHF 335.00	CHF 3'350.00	⇐ Einzelpreis
		Büromöbel		CHF 7'968.00	⇐ Gesamtpreis
		+7,7 % Mehrwertsteuer		CHF 613.55	⇐ MWST-Betrag
Total				**CHF 8'581.55**	⇐ Endbetrag

Zahlungskonditionen: 10 Tage, 2 % Skonto, 30 Tage netto. ⇐ Zahlungskonditionen

Besten Dank für Ihren Auftrag!

⇐ Dank
⇐ (ohne Unterschrift)

ProfMöbel Solothurnstrasse 45 info@profmoebel.ch Telefon 031 XXX XX X Postkonto: 41-XX-
3322 Urtenen-Schönbühl FAX XXX XXX XX XX UBS 5XXXX-XX-X
MWST-Nr: CHE-110.519.113 IBAN CH27 XXX XX ...

⇐ Bank-, Postverbindung
⇐ IBAN-Nummer

Liefermahnung

Worum geht es?

Vielleicht kennen Sie das: Sie haben etwas bestellt, freuen sich auf die Lieferung und warten sehnsüchtig darauf. Die Lieferung wurde *innerhalb von 10 Tagen* versprochen. Doch auch nach 15 Tagen ist die Ware nicht bei Ihnen eingetroffen. Was tun? – Da kein genauer Liefertag vereinbart wurde, handelt es sich um ein sogenanntes Mahngeschäft. Das bedeutet, dass Sie vor einem Vertragsrücktritt den Lieferanten zuerst mahnen und ihm eine angemessene Nachfrist setzen müssen.

Kompetenzen

- Ich kenne die gesetzlichen Bestimmungen eines Lieferverzugs.
- Ich kann eine rechtlich, inhaltlich und sprachlich korrekte Liefermahnung verfassen.

Disposition Textkörper	Hinweise, Rechtliches
– **Betreffzeile** – Anrede – Bezug auf Bestellung und vereinbarte Lieferfrist – Verspätung klar festhalten – Enttäuschung ausdrücken – Nachfrist setzen – evtl. Hinweis auf Rechtslage – Erwartung formulieren – Stellungnahme verlangen – Gruss – evtl. Beilagen Siehe auch Beispiel auf der rechten Seite.	– Freundlich und sachlich bleiben, auch wenn Ärger und Enttäuschung gross sind. – Die rechtlichen Grundlagen zum Mahn- und Fixgeschäft sind geregelt in Art. 102, 107, 108, 109, 190 und 191 OR. – mögliche Beilagen: z. B. Kopie Auftragsbestätigung
Ziel: Die Lieferung erfolgt innerhalb der neu gesetzten Frist.	

Unterschied zwischen einem Mahn- und einem Fixgeschäft

Mahngeschäft	Fixgeschäft
– Die Lieferzeit wird ungefähr definiert, z. B. *Lieferung in den nächsten Tagen.* – Wird die vereinbarte Lieferfrist überschritten, muss der Lieferant gemahnt werden. – In der Liefermahnung wird eine angemessene Nachfrist gesetzt, z. B. *innerhalb von 10 Tagen / bis 30. August 20XX*. Damit kommt der Verkäufer in Verzug. – Nach Ablauf der Nachfrist kann der Käufer auf der Lieferung beharren oder darauf verzichten. Tätigt er nach einem Verzicht einen Deckungskauf, kann er Schadenersatz einfordern.	– Der Lieferzeitpunkt wird genau bestimmt, z. B. *Lieferung der Esswaren und Getränke am Montag, 1. August 20XX zwischen 8.30 und 9.00 Uhr.* – Wird die Ware zum vereinbarten Zeitpunkt nicht geliefert, gerät der Verkäufer automatisch in Verzug. Eine Nachfrist ist nicht nötig. – Entstehen durch die Vertragsverletzung Mehrkosten (z. B. durch einen sogenannten Deckungskauf), kann die Kundin bzw. der Kunde Schadenersatz verlangen. Die Mehrkosten müssen jedoch nachgewiesen werden können.

Orientierungsbeispiel Liefermahnung

Liefermahnung Falttürenschrank

Sehr geehrte Frau Salvatore

Können Sie sich an uns erinnern? Bei unserem Besuch in Ihrem Geschäft vor zwei Monaten hatten Sie uns freundlich und kompetent beraten. Eine Woche später bestellten wir bei Ihnen den Falttürenschrank Multi-Forma in Lackweiss.

Im Kaufvertrag vom 15. Januar 20XX wurde uns eine Lieferzeit von 4 bis 6 Wochen versprochen. Jetzt ist Mitte März und wir warten noch immer auf den neuen Schrank. Wir sind enttäuscht, dass Sie uns über diese Lieferverzögerung nicht informiert haben.

Wir brauchen den Schrank dringend und setzen Ihnen deshalb eine Nachfrist von 10 Tagen. Sollte die Lieferung innerhalb dieser Frist nicht erfolgen, kommen Sie als Lieferant in Verzug. Gemäss Obligationenrecht können wir vom Vertrag zurücktreten und allenfalls Schadenersatz verlangen. Wir hoffen nicht, dass es so weit kommen muss.

Wir erwarten, dass Sie alles unternehmen, damit wir unsere Kleider nicht noch länger auf dem Boden lagern müssen. Besten Dank für Ihre Stellungnahme.

Freundliche Grüsse

M. Gubser
Max und Jana Gubser

Kopie Kaufvertrag

Disposition

⇐ Betreffzeile

⇐ Anrede

⇐ Bezug auf Bestellung

⇐ Verspätung nennen
⇐ Enttäuschung

⇐ Nachfrist setzen

⇐ Hinweis Rechtslage

⇐ Erwartung
⇐ Stellungnahme

⇐ Gruss

Lernauftrag 7

Frau Jacqueline Harder mahnt Herrn Peter Mettler von der Werbe-Plus GmbH, da die bestellten Trinkflaschen für den Tag der offenen Tür nicht bis zum vereinbarten Zeitpunkt bei ihr im Geschäft eingetroffen sind. Sie ist darüber sehr enttäuscht. Sie setzt Herrn Mettler eine Nachfrist bis zum 3. April 20XX und bittet ihn, mit ihr Kontakt aufzunehmen, falls er auch diese Nachfrist nicht einhalten kann.

Versetzen Sie sich in die Situation Frau Harders und verfassen Sie die Liefermahnung an Herrn Mettler. Verwenden Sie dazu die Disposition auf den Seiten 99–100.

Zahlungsmahnung

Worum geht es?

Mit einer Zahlungsmahnung erinnert man die Käuferin oder den Käufer an einen ausstehenden Betrag. Bleibt die erste Zahlungsmahnung unbeantwortet, können weiterer Mahnbriefe folgen. Im schlimmsten Fall kann der Verkäufer eine Betreibung einleiten und somit den Rechtsweg beschreiten. – Heute erfolgen die meisten Zahlungsmahnungen in Form von standardisierten Formularen. Persönliche Mahnschreiben, wie sie hier dargestellt sind, kommen seltener vor, sind aber in der Regel wirksamer.

Kompetenzen
- Ich kenne die drei verschiedenen Mahnstufen.
- Ich kann auf einen Zahlungsverzug rechtlich korrekt und wirkungsvoll reagieren.

1. Mahnung

Disposition Textkörper	Hinweise, Rechtliches
– **Betreffzeile** – Anrede – Bezug auf Lieferung, Dienstleistung, Rechnung – Hinweis auf ausgebliebene Zahlung – Aufforderung zur Zahlung, Nachfrist setzen – evtl. Zahlungsvorschlag unterbreiten – Dank – Gruss – Beilagen: Rechnungskopie, Einzahlungsschein Siehe auch Beispiel auf der rechten Seite.	– Alternativen zu *Mahnung* im Betreff: *Zahlungserinnerung / Rechnung vom … / Ausstehender Betrag* – Nachfrist muss erfüllbar sein, z. B. 10/15/20 Tage. – im Ton sachlich und freundlich bleiben, auch wenn das Versenden von Mahnungen ärgerlich ist

Ziel: Die Kundin bzw. der Kunde überweist den geschuldeten Betrag innerhalb der gesetzten Frist.

2. Mahnung

Disposition Textkörper	Hinweise, Rechtliches
– **Betreffzeile** – Anrede – Bezug auf Rechnung und den ersten Brief – Enttäuschung – Aufforderung zur Zahlung, Nachfrist setzen – Gruss Siehe auch Beispiel auf der rechten Seite.	– nun das Wort *Zahlungsmahnung* verwenden – neue, kürzere Frist setzen (10–15 Tage) – im Ton etwas direkter und fordernder, trotzdem freundlich bleiben – evtl. Brief einschreiben

Ziel: Die Kundin bzw. der Kunde überweist den geschuldeten Betrag innerhalb der gesetzten Frist.

3. Mahnung

Disposition Textkörper	Hinweise, Rechtliches
– **Betreffzeile** – Anrede – Bezug auf Mahnungen – Aufforderung zur Zahlung, Nachfrist setzen – Hinweis auf Betreibung – Gruss Siehe auch Beispiel auf der rechten Seite.	– Brieftitel: *Letzte Mahnung* – kurze Frist setzen (5–10 Tage) – Brief einschreiben – im Ton direkt, fordernd

Ziel: Die Kundin bzw. der Kunde überweist den geschuldeten Betrag; eine Betreibung wird vermieden.

Orientierungsbeispiel Zahlungsmahnung in drei Stufen

Zahlungserinnerung

Sehr geehrter Herr Dahinden

Mitte Oktober haben wir Ihr Auto wintertauglich gemacht und mit vier neuen Winterreifen ausgestattet. Die Rechnung mit einer Zahlungsfrist von 20 Tagen haben wir Ihnen am 24. Oktober 20XX zugestellt. Nun ergab die Kontrolle unserer Buchhaltung, dass Ihre Zahlung bis heute noch nicht eingetroffen ist.

Bitte überweisen Sie den Betrag von CHF 1845.25 bis **30. November 20XX**. Sollte die Bezahlung bis zu diesem Zeitpunkt nicht möglich sein, so teilen Sie uns dies bitte so rasch wie möglich mit. Da Sie ein treuer Kunde sind, können wir uns auch eine Ratenzahlung vorstellen.

Freundliche Grüsse

AUTOCENTER AG

Susanne Santos
Susanne Santos

Kopie Rechnung-Nr. 24644
Einzahlungsschein

Disposition
- ⇐ Betreffzeile
- ⇐ Anrede
- ⇐ Bezug auf Lieferung, Hinweis auf fehlende Zahlung
- ⇐ Aufforderung zur Zahlung
- ⇐ Nachfrist
- ⇐ Zahlungsvorschlag
- ⇐ Gruss
- ⇐ Beilage

Zahlungsmahnung

Sehr geehrter Herr Dahinden

Sie haben Mitte November eine Zahlungserinnerung erhalten mit der Aufforderung, den Betrag von CHF 1845.25 bis spätestens 30.11.20XX zu überweisen. Bis heute haben wir weder eine Zahlung noch eine Mitteilung von Ihnen erhalten, was uns enttäuscht.

Wir setzen Ihnen nochmals **eine Nachfrist von 10 Tagen**. Bitte informieren Sie uns so rasch wie möglich, falls Sie diese Zahlungsfrist erneut nicht einhalten können.

Freundliche Grüsse
[Fortsetzung wie oben]

Disposition
- ⇐ Betreffzeile
- ⇐ Anrede
- ⇐ Bezug auf Rechnung und erste Mahnung
- ⇐ Enttäuschung
- ⇐ Nachfrist
- ⇐ Aufforderung zur Zahlung
- ⇐ Gruss

Letzte Mahnung

Sehr geehrter Herr Dahinden

Trotz zweimaliger Mahnung schulden Sie uns noch immer CHF 1845.25.

Sollte das Geld bis **20. Dezember 20XX** nicht bei uns eintreffen, werden wir die Betreibung gemäss Schuldbetreibungs- und Konkursgesetz SchKG einleiten. Lassen Sie es nicht so weit kommen!

Freundliche Grüsse
[Fortsetzung wie oben]

Disposition

⇐ Betreffzeile

⇐ Anrede

⇐ Bezug auf Mahnungen

⇐ Aufforderung zur Zahlung / Nachfrist
⇐ Hinweis Betreibung

⇐ Gruss

Lernauftrag 8

Anderthalb Monate nach der Lieferung der Trinkflaschen an die Sport-Shop POWER erhält Herr Peter Mettler von der internen Buchhaltung den Hinweis, dass die Rechnung für die Ware immer noch nicht bezahlt worden ist. Herr Mettler erinnert Frau Harder, seine Kontaktperson bei Sport-Shop POWER, höflich daran, dass die Zahlung der Rechnung noch ausstehend ist. Er setzt ihr eine angemessene Nachfrist von 10 Tagen und bittet sie, die Rechnung innerhalb der Frist zu begleichen.

Versetzen Sie sich in die Lage Herrn Mettlers und verfassen Sie die Zahlungsmahnung an Frau Harder. Verwenden Sie dafür die Disposition auf den Seiten 99–100.

Teil 3
Bewerben und Bewerten

Bewerbungsschreiben	56
Curriculum Vitae (CV)	58
Kündigung	60
Arbeitszeugnis und Arbeitsbestätigung	62

Bewerbungsschreiben

Worum geht es?

Das Bewerbungsschreiben entscheidet zusammen mit dem Lebenslauf (CV, Beiblatt, siehe Seite 59) wesentlich darüber, ob man zu einem Bewerbungsgespräch eingeladen wird. Der erste Eindruck zählt, denn die Personalabteilungen selektionieren in einem ersten Schritt aufgrund dieser beiden Dokumente in drei Gruppen: sehr gut, prüfen, absagen. Standardbriefe nach Vorlagen haben keine Chance; ebenso wie unvollständige, fehlerhafte und unübersichtliche Unterlagen. Auch der optische Eindruck ist wichtig. Achten Sie daher auf eine saubere Gestaltung der verschiedenen Unterlagen.

Kompetenzen
- Ich weiss, worauf es beim Bewerbungsschreiben ankommt.
- Ich kann einen überzeugenden, fehlerfreien Bewerbungsbrief verfassen.

Disposition Textkörper	Hinweise
– Betreffzeile – persönliche Anrede – Bezug auf Stellenausschreibung – Grund der Bewerbung – aktuelle Tätigkeit (Beruf, Schule) – Nachweis der verlangten Kenntnisse und Fähigkeiten – Hinweis auf Einladung zum Vorstellungsgespräch – Gruss – Beilagen Siehe auch Beispiel auf der rechten Seite.	– Brieftitel: Bewerbung plus genaue Stellenbezeichnung – Fachausdrücke (Marketing, Administration) aus dem Inserat übernehmen, jedoch nicht einfach den Text abschreiben – aktuelle Tätigkeit zuerst nennen; nicht eins zu eins aufzählen, was im Lebenslauf steht – aufzeigen, dass man dem Anforderungsprofil entspricht – Unterschrift nicht vergessen! – Beilagen einzeln aufzählen, z. B. CV, Arbeitszeugnis, Sprachzertifikate
Ziel: Das Bewerbungsschreiben überzeugt und führt zu einer Gesprächseinladung.	

Die ersten Sätze

Die ersten Sätze sind entscheidend. Mit einem floskelhaften Einstieg wie *Ich beziehe mich auf Ihre Stelleninserat vom …* oder *Mit grossem Interesse habe ich Ihr Inserat gelesen* holt man keine Punkte. Besser sind persönliche Formulierungen wie: *Ihr Stelleninserat vom (Datum) spricht mich sehr an/hat mich neugierig gemacht. / Sie suchen eine kaufmännische Mitarbeiterin mit sehr guten Sprachkenntnissen in Deutsch und Englisch. Diese Voraussetzungen bringe ich mit und bewerbe mich daher um die Stelle.*

Selbstbewusstes Auftreten, aber keine Übertreibungen und Schmeicheleien

Betonen Sie, was Sie gut können und dass Sie für die Stelle qualifiziert sind – sachlich, konkret, selbstbewusst. Vermeiden Sie theatralische Übertreibungen wie *Das ist mein absoluter Traumjob / Ich bin genau die Person, die Sie suchen!* und angeberische Töne wie *Ich bin für Sie die beste Wahl!* Auch Schmeicheleien wie *Ihre Firma hat den besten CEO der Schweiz* kommen bei den Personalverantwortlichen nicht gut an.

Und noch dies:

Jede Bewerbung ist Selfmarketing, Werbung in eigener Sache. Es lohnt sich also, Zeit und Geld zu investieren. Zeigen Sie mit Ihren Bewerbungsunterlagen, was Sie können. Beweisen Sie Ihre fachlichen und überfachlichen Fähigkeiten wie Sprachkompetenz, Informatik-Anwendungskompetenz, Engagement, Sorgfalt, Kundenorientierung, Gestaltungsfähigkeit. Auch mit formalen Details können Sie sich einen Vorteil verschaffen: attraktive Bewerbungsmappe, gute Papierqualität (z. B. 100 g/m² gestrichen), Kuvert handschriftlich angeschrieben, grosses Kuvert, Unterlagen nicht gefaltet. (Beachten Sie dazu auch die Seiten 103 und 104 im Anhang.)

Orientierungsbeispiel Bewerbungsschreiben

Jean-Pierre Muster | Seestrasse 10 | 2502 Biel/Bienne | 079 648 58 XX | jp.muster@bluewin.ch

Universität Bern
Physikalisches Institut
Frau Petra Gerster
Sidlerstrasse 5
3012 Bern

20. März 20XX

Bewerbung Informatiker 100 % ⇐ Betreffzeile

Sehr geehrte Frau Gerster ⇐ persönliche Anrede

Sie suchen für die Abteilung Weltraumforschung und Planetologie der Universität Bern einen Informatiker oder eine Informatikerin mit abgeschlossener Berufslehre. Dieses Arbeitsgebiet und die beschriebenen Aufgabenbereiche interessieren mich sehr. Daher bewerbe ich mich um diese Stelle.
⇐ Bezug auf Stelle
⇐ Grund für die Bewerbung

Zurzeit arbeite ich bei der RUAG in Emmen. Hier bin ich für das Installieren, Betreuen und Warten der Arbeitsplatz- und Serversysteme sowie für deren Software zuständig. Zudem entwickle ich im Rahmen verschiedener Projekte individuelle, anwenderorientierte Lösungen. Diese Arbeit hat mein Interesse an komplexen, herausfordernden Aufgaben geweckt. Systemtechnik und die Betriebsinformatik sind mir seit meiner Lehrzeit bei der Swisscom gut bekannt. Neben diesen beruflichen Erfahrungen bringe ich fundierte Software-Kenntnisse im Microsoft-Umfeld mit.
⇐ aktuelle Tätigkeit
⇐ Erfahrung
⇐ fachliche Kompetenzen

Das selbstständige Einarbeiten in neue Aufgabenbereiche fällt mir leicht. Meine Betreuungspersonen und Mitarbeitenden attestieren mir rasches Auffassungsvermögen, verantwortungsbewusstes Arbeiten und Teamfähigkeit. Da ich in Biel zweisprachig aufgewachsen bin, beherrsche ich Deutsch und Französisch in Wort und Schrift. Meine Englischkenntnisse habe ich in der Schule erworben und während eines Aufenthalts in England vertieft. Durch die Lektüre englischsprachiger Fachzeitschriften baue ich meine Sprach- und Fachkompetenz laufend aus.
⇐ überfachliche Kompetenzen
⇐ Sprachen

Die Aussicht, an aktuellen Forschungs- und Entwicklungsprojekten im High-End-Bereich tätig zu sein, fasziniert und motiviert mich gleichermassen.

Ich freue mich, wenn Sie mich zu einem Vorstellungsgespräch einladen. ⇐ Hinweis auf Einladung

Freundliche Grüsse ⇐ Gruss

JP. Muster
Jean-Pierre Muster
⇐ Unterschrift

Beiblatt (CV)
Fähigkeitsausweis
Arbeitszeugnis Swisscom
⇐ Beilagen

Disposition

Curriculum Vitae (CV)

Worum geht es?

Das Curriculum Vitae, kurz CV genannt, ist ein wichtiger Bestandteil jeder Bewerbung. Es gibt in tabellarischer Form Auskunft über Personalien, Aus- und Weiterbildung, Berufspraxis, spezielle Kenntnisse und Kompetenzen sowie ausserberufliche Interessen und Tätigkeiten. Mit einer lückenlosen, übersichtlichen Darstellung erbringt man dem zukünftigen Arbeitgeber zugleich den Beweis für sorgfältiges, seriöses Arbeiten. Daher ist auf Inhalt, Form und Gestaltung grössten Wert zu legen. Das Porträtbild muss aktuell und professionell sein; Fotoautomat-Bilder genügen nicht.

Kompetenzen
- Ich kenne den Inhalt des Lebenslaufs und weiss, wie er aufgebaut ist.
- Ich kann mein CV übersichtlich und lückenlos erstellen.

Aufbaumöglichkeiten

Chronologisch	Die erste Tätigkeit (z. B. Schulen) kommt zuerst, danach folgen die weiteren in chronologischer Reihenfolge.	Vorteil: klare zeitliche Abfolge von früher bis zum aktuellen Zeitpunkt
Anti-chronologisch	Die aktuelle Tätigkeit kommt zuerst. Die weiteren Tätigkeiten folgen in umgekehrter zeitlicher Reihenfolge. (Siehe Beispiel auf der rechten Seite.)	Vorteil: Die Personalverantwortlichen sehen auf den ersten Blick die aktuelle Tätigkeit.
Thematisch	Eine für die Stelle besonders wichtige Kompetenz (z. B. Sprachen) kommt gleich nach den Personalien und wird so hervorgehoben.	Vorteil: Das Augenmerk wird auf die verlangte, wichtige Fähigkeit gelenkt.

Ziel: Das CV gibt lückenlos und fehlerfrei Auskunft über die wichtigsten Punkte. Die Darstellung ist übersichtlich; das Bild wirkt sympathisch.

Hinweise zu einzelnen Punkten

Angaben zur Dauer	Monat und Jahr angeben: *10.2015 – 08.2016 / seit 10.2015 / 10.08 – heute*
Berufspraxis	Firma und Funktion nennen, z. B. *Spital Uster, Leiterin Empfang*
Weiterbildung	Ausbildungsart, Ausbildungsort und Dauer angeben. Nur berufsbezogene Weiterbildungen auflisten
Sprachen	Niveau angeben, Beispiele: *Grundkenntnisse mündlich, gute Kenntnisse mündlich und schriftlich, sehr gute Kenntnisse, mündlich fliessend (Muttersprache), schriftlich sicher* etc. Falls vorhanden, Diplome auflisten
Selbstbild	Einschätzung der eigenen Person (fakultativ)
Interessen	Ausserberufliche Interessen und Hobbys nennen, die einen Bezug zum Berufsleben haben. Die Angaben können für das Gesamtbild wichtig sein.
Referenzen	Referenzauskünfte werden in der Regel erst nach dem Vorstellungsgespräch eingeholt. Daher genügt der Hinweis: *Gerne überreiche ich Ihnen beim Vorstellungsgespräch eine Liste mit Referenzpersonen.* (Siehe auch Seite 105.)
Eintritt	konkretes Datum nennen, allenfalls mit dem Zusatz *oder nach Vereinbarung* (in Klammern die Kündigungsfrist nennen)
Was nicht ins CV gehört:	Konfession, Name und Beruf der Eltern, Hobbys ohne Bezug zum Beruf, politische Gesinnung, Gesundheitszustand, Angaben zu den Lohnvorstellungen

Und noch dies:
- Die lateinische Bezeichnung *Curriculum Vitae* wird heute international verwendet, insbesondere in der englischen Sprache hat sich die Abkürzung CV durchgesetzt. Doch auch andere Bezeichnung wie Lebenslauf, Personalienblatt oder Beiblatt sind möglich.
- Verwenden Sie auch für das CV eine gute Papierqualität, z. B. weiss 100 g/m² gestrichen.

Orientierungsbeispiel Curriculum Vitae (anti-chronologisch)

Curriculum Vitae (CV)

Personalien

Vorname, Name	Jean-Pierre Muster
Strasse, Nr.	Seestrasse 10
PLZ, Wohnort	2502 Biel/Bienne
E-Mail	jp.muster@bluewin.ch
Telefon / Mobile	032 341 59 XX / 079 648 58 XX
Geburtsdatum	16. August 1995
Heimatort	La Neuveville BE
Zivilstand	ledig

Berufspraxis

seit 11.2016	RUAG Emmen, ICT Technician Professional
08.2016 – 10.2016	Bedag Informatik AG, Praktikum Applikationsentwicklung

Ausbildung

08.2012 – 07.2016	Lehre als Informatiker bei Swisscom in Bern
	Abschluss Informatiker EFZ, mit Berufsmaturität, Note 5.2

Schulen

08.2012 – 07.2016	Gewerblich-Industrielle Berufsschule Bern gibb
08.2011 – 07.2012	Feusi Bildungszentrum Solothurn, 10. Schuljahr
08.2008 – 07.2011	Sekundarschule Rittermatte Biel
08.2002 – 07.2008	Primarschule Plänke Biel

Weiterbildung
Informatik: ICT Power-User SIZ, Diplom
Cambridge First Certificate in English, Brighton

Sprachen
Deutsch: erste Muttersprache, sehr gute Kenntnisse
Französisch: mündlich fliessend, schriftlich sicher
Englisch: First Certificate in English

Selbstbild
fachlich sehr interessiert, motiviert und offen für Neues
zuverlässig, belastbar und verantwortungsbewusst, teamorientiert

Interessen
Technik: Leichtaviatik/Drohnen, Mitglied Schweiz. Modellflugverband SMV
Sport: Biken, Klettern, Wandern und Laufsport
Politik: Mitglied der Jugendorganisation «jugend+politik+ch»

Referenzen
Beim Vorstellungsgespräch überreiche ich Ihnen gerne eine Liste mit Referenzpersonen.

Eintritt
1. Juni 2018 oder nach Vereinbarung (Kündigungsfrist 60 Tage)

Kündigung

Worum geht es?

Arbeitsverhältnisse können von beiden Vertragsparteien gekündigt werden. Das Schweizerische Obligationenrecht (OR) schreibt dafür keine bestimmte Form vor; die Auflösung des Arbeitsverhältnisses kann also auch mündlich erfolgen. Aus Beweisgründen erfolgen jedoch die meisten Kündigungen in schriftlicher Form. Bei einer persönlichen Übergabe sollte man sich den Erhalt mit einer Unterschrift bestätigen lassen. In vielen Einzelarbeitsverträgen (EAV) und Gesamtarbeitsverträgen (GAV) ist eine schriftliche Kündigung vorgeschrieben.

Kompetenzen
- Ich kenne die wichtigsten Aspekte einer Kündigung.
- Ich kann eine sachlich begründete Kündigung seitens des Arbeitgebers/der Arbeitgeberin und der Arbeitnehmerin/des Arbeitnehmers verfassen.

Disposition Textkörper	Hinweise, Rechtliches
– Betreffzeile – Anrede – Ausgangslage – Kündigung – Begründung – evtl. Bedauern – evtl. Angebot für Unterstützung – Dank – gute Wünsche – Gruss Siehe auch Beispiel auf der rechten Seite.	– im Brieftitel *Kündigung* verwenden – Ausgangslage kurz schildern – Kündigung aussprechen – Kündigungstermin nennen (entspricht dem letzten Arbeitstag) – bei der Begründung sachlich bleiben – Schluss mit Dank für Zusammenarbeit etc. – evtl. Unterstützung anbieten – evtl. als Einschreiben verschicken – eigenhändige Unterschrift, falls Schriftform vereinbart; eine Kündigung per E-Mail genügt dann nicht, da die eigenhändige Unterschrift fehlt

Ziel: Die Kündigung ist korrekt und vollständig und in einem sachlichen Ton abgefasst.

Kündigungsfristen bei ordentlichen Kündigungen

Befristete Arbeitsverhältnisse enden ohne Kündigung automatisch mit Ablauf der vereinbarten Frist. Unbefristete Arbeitsverhältnisse müssen jedoch gekündigt werden. Die Kündigungsfristen und Kündigungstermine hängen von der Dauer des Arbeitsverhältnisses ab.

Dauer	Kündigungsfrist	Kündigungstermin	Artikel OR
in der Probezeit	7 Tage	jederzeit	Art. 335b Abs. 1
im 1. Dienstjahr	1 Monat	auf Monatsende	Art. 335c Abs. 1
im 2. bis 9. Dienstjahr	2 Monate	auf Monatsende	Art. 335c Abs. 1
ab dem 10. Dienstjahr	3 Monate	auf Monatsende	Art. 335c Abs. 1

Wichtig: Die Kündigung gilt erst, wenn sie beim Empfänger tatsächlich angekommen ist. Sie muss also ein paar Tage vor dem Kündigungstermin abgeschickt werden – am besten mit einem Einschreiben.

Und noch dies:
- Eine Kündigung kann auch ohne Begründung erfolgen. Die kündigende Partei muss sie aber nach Art. 335 OR schriftlich begründen, wenn die andere Partei dies verlangt.
- Das Arbeitsverhältnis kann auch fristlos gekündigt werden. Das Arbeitsverhältnis endet damit per sofort. Dazu braucht es aber triftige Gründe. Ein schwerwiegender Grund ist beispielsweise, wenn ein Arbeitnehmer mit seinem Verhalten grossen Schaden anrichten könnte. Weitere Gründe sind: Diebstahl, tätliche Angriffe, sexuelle Belästigung, Schwarzarbeit, wiederholte, unentschuldigte Verspätungen und Absenzen; Zahlungsunfähigkeit des Arbeitgebers.

Orientierungsbeispiel Kündigung seitens des Arbeitgebers

Kündigung

Sehr geehrter Herr Schmid

Vor zwei Monaten orientierten wir die Abteilungen Facility Management schriftlich über die Umstrukturierungspläne im Zusammenhang mit der wirtschaftlich angespannten Situation des Unternehmens. Am letzten Dienstag, 13. Februar 20XX, erfolgte dann das persönliche Gespräch mit der Abteilung. Dabei informierten wir darüber, dass wir den gesamten Hausdienst an eine externe Firma vergeben werden.

Die externe Firma hat sich bereit erklärt, fünf unserer bisherigen Angestellten zu übernehmen. Wie Sie bereits wissen, gehören Sie nicht dazu. Leider müssen wir aus diesem Grund unser Arbeitsverhältnis unter Einhaltung der dreimonatigen Kündigungsfrist **auf den 31. Mai 20XX** kündigen.

Wir bedauern diese Entscheidung sehr, waren Sie doch während über 15 Jahren ein engagierter, zuverlässiger und kompetenter Mitarbeiter unseres Unternehmens. Gerne bestätigen wir im Arbeitszeugnis Ihren grossen Einsatz und die gute Arbeitsleistung.

Wir danken Ihnen für Ihre Treue und die gute Zusammenarbeit und wünschen Ihnen für die berufliche und private Zukunft viel Erfolg und alles Gute.

Freundliche Grüsse

FIRMA XY
(Unterschrift)
Name

Disposition

⇐ Betreffzeile

⇐ Anrede

⇐ Ausgangslage

⇐ Begründung

⇐ Kündigung
⇐ Termin

⇐ Bedauern

⇐ Dank
⇐ gute Wünsche

⇐ Gruss

Orientierungsbeispiel Kündigung seitens des Arbeitnehmers

Kündigung per 30. September 20XX

Liebe Frau Annaheim

Vor vier Jahren trat ich meine Stelle als Pflegefachperson HF im Alters- und Pflegeheim Rosenthal an. Nun habe ich mich für eine berufliche Neuausrichtung entschieden. Daher kündige ich meine Stelle unter Einhaltung der zweimonatigen Kündigungsfrist auf den 30. September 20XX.

Ich habe in den vier Jahren viel Neues hinzugelernt und durfte wichtige Erfahrungen sammeln. Bei Problemen fand ich bei Ihnen immer ein offenes Ohr; vom Team fühlte ich mich stets gut unterstützt.

Besten Dank Ihnen und dem ganzen Team für die sehr angenehme Zusammenarbeit und das stets kollegiale Arbeitsklima!

Beste Grüsse

(Unterschrift)
Name

Disposition

⇐ Betreffzeile

⇐ Anrede

⇐ Ausgangslage
⇐ Begründung
⇐ Kündigung

⇐ Rückblick

⇐ Dank

⇐ Gruss

Arbeitszeugnis und Arbeitsbestätigung

Worum geht es?

Ein Arbeitszeugnis macht Aussagen über die Leistung und das Verhalten von Mitarbeiterinnen und Mitarbeitern und vermittelt ein Bild von der Berufserfahrung, der Arbeitsweise und den Kompetenzen. Es dient einem neuen Arbeitgeber als Entscheidungsgrundlage und kann die berufliche Karriere stark beeinflussen. Arbeitszeugnisse sind rechtlich gesehen Urkunden und müssen die Grundsätze der Wahrheit, Klarheit, Vollständigkeit und des Wohlwollens erfüllen. Das Verfassen von sprachlich korrekten und inhaltlich vollständigen Arbeitszeugnissen ist sehr anspruchsvoll und zeitintensiv.

Kompetenzen

- Ich weiss, wie ein Arbeitszeugnis aufgebaut ist und welches die Inhalte sind.
- Ich kann ein Arbeitszeugnis verfassen, das die Anforderungen der Wahrheit, Klarheit, Vollständigkeit und des Wohlwollens erfüllt.

Formen

Schlusszeugnis	Das Schlusszeugnis (auch Vollzeugnis) wird am Ende einer Anstellung ausgestellt. Es enthält Aussagen zur Arbeitsleistung und zum Verhalten. Das Schlusszeugnis wird in der Vergangenheitsform geschrieben.
Zwischenzeugnis	Ein Zwischenzeugnis wird auf Wunsch während eines ungekündigten Arbeitsverhältnisses verfasst. Mögliche Gründe: Vorgesetztenwechsel, innerbetriebliche Versetzung, längerer Arbeitsunterbrechung. Text in der Gegenwartsform.
Arbeitsbestätigung	Die Arbeitsbestätigung gibt nur über die Dauer der Anstellung und die Funktion Auskunft; sie enthält also keine Leistungs- und Verhaltensbeurteilung. Sie wird auf spezielles Verlangen (Art. 330a Abs. 2 OR) ausgestellt, z. B. bei einer Kündigung während der Probezeit.

Disposition Textkörper (für das Schlusszeugnis)	**Hinweise, Rechtliches**
– **Betreffzeile** – Personalien, Daten, Anstellung, Funktion – Aufgabenbereiche – Leistungsbeurteilung (Fachkompetenz) – Verhaltensbeurteilung (Selbst- und Sozialkompetenz) – Kündigungsgrund – Dank, Wünsche für die Zukunft Siehe auch Beispiel auf der rechten Seite.	– im Betreff *Arbeitszeugnis* bzw. *Zwischenzeugnis*, *Arbeitsbestätigung* verwenden – Ohne Anrede! – aussagekräftige Wörter wählen: *zuverlässig, gewissenhaft, freundlich, kompetent* etc. – Abstufungen vornehmen: *zuverlässig, sehr zuverlässig, äusserst zuverlässig, vorbildliche Zuverlässigkeit* – gesetzliche Grundlage Art. 330a OR: *Der Arbeitnehmer kann jederzeit vom Arbeitgeber ein Zeugnis verlangen, das sich über die Art und Dauer des Arbeitsverhältnisses sowie über die Leistungen und sein Verhalten ausspricht.*

Ziel: Das Arbeitszeugnis ist vollständig und beurteilt Leistung und Verhalten wahrheitsgetreu ohne Floskeln und Codes.

Und noch dies:

- Arbeitszeugnisse sollten wohlwollend sein. Doch es besteht kein Anspruch auf ein «gutes Zeugnis». Negative Äusserungen sind zulässig, sofern sie wahr und bedeutsam sind.
- Absichtlich verschlüsselte Formulierungen, sogenannte Codes, haben in einem Arbeitszeugnis nichts zu suchen. Sie verstossen gegen die Gebote der Wahrheit und Klarheit. Ein Beispiel zur Illustration: *Die Zusammenarbeit war im Allgemeinen problemlos.* Heisst: Die Zusammenarbeit war problematisch.
- Arbeitsbestätigungen haben einen negativen Beigeschmack. Reicht beispielsweise eine Bewerberin nur Arbeitsbestätigungen ein, ist das ein Zeichen dafür, dass Negatives verschwiegen wird.

Orientierungsbeispiel Schlusszeugnis

Arbeitszeugnis Bettina Kramer

Frau Bettina Kramer, geboren am 10. September 1990, war vom 1. Oktober 2013 bis 30. April 2018 bei uns mit einer 70-Prozent-Anstellung als Sachbearbeiterin beschäftigt. Zu ihren Hauptaufgaben gehörten folgende Tätigkeiten:

– eigenständiges Führen des Sekretariats, inklusive Telefondienst
– allgemeine Geschäftskorrespondenz
– Personalkoordination, in Absprache mit der Leiterin Personal
– Bestell- und Rechnungswesen, inklusive Controlling
– Erstellen von Arbeits- und Honorarverträgen
– Organisation und Durchführung von Kundenanlässen

Nach einer kurzen Einarbeitungszeit erfüllte Frau Kramer ihre Aufgaben weitgehend selbstständig, arbeitete effizient und gewissenhaft. Sie brachte für alle Aufgabenbereiche fundiertes Fachwissen mit und baute dieses laufend aus. Bei Anfragen von Kundinnen und Kunden konnten wir uns darauf verlassen, dass Frau Kramers schriftliche und telefonische Auskünfte korrekt und kundenbezogen formuliert sind.

Frau Kramer blieb auch in hektischen Zeiten ruhig, priorisierte die Aufgaben und behielt den Überblick. Hervorzuheben ist ihr Talent für organisatorische Arbeiten. So plante sie jeweils die Kundenevents minutiös und zuverlässig; dementsprechend reibungslos verliefen die Anlässe.

Die Zusammenarbeit mit Frau Kramer war geprägt von Offenheit und gegenseitiger Wertschätzung. Auch im Umgang mit Aussenstellen wie Autorinnen und Autoren, Marketingfachleuten, Kundinnen und Kunden kam ihre hohe Sozialkompetenz zum Tragen.

Frau Kramer verlässt unseren Verlag auf eigenen Wunsch, da sie sich in Zukunft stärker auf das Marketing konzentrieren will. Wir bedauern diesen Weggang sehr, haben aber Verständnis für das Bedürfnis nach beruflicher Weiterentwicklung.

Wir danken Frau Bettina Kramer für ihr Engagement und die gute Zusammenarbeit. Für die berufliche und private Zukunft wünschen wir ihr alles Gute.

LETRA VERLAG AG

P. Waldner   *M. Berger*
Paul Waldner, Verlagsleiter   Marisa Berger, Leiterin Personal

Disposition

⇦ Betreffzeile

⇦ Frau/Herr
⇦ Anstellungsdauer
⇦ Pensum, Funktion

⇦ Aufgaben gemäss Pflichtenheft

⇦ Selbstkompetenz

⇦ Sachkompetenz

⇦ Belastbarkeit
⇦ besondere Leistungen

⇦ Sozialkompetenz

⇦ Kündigungsform, Grund, Bedauern

⇦ Dank
⇦ Wünsche für die Zukunft

⇦ Unterschriften
⇦ Name, Funktion

Orientierungsbeispiel Arbeitsbestätigung

Arbeitsbestätigung

Frau Bettina Kramer, geboren am 10. September 1990, war vom 1. Oktober 2013 bis 30. April 2018 bei uns mit einer 70-Prozent-Anstellung als Sachbearbeiterin beschäftigt.

Frau Kramer verlässt unseren Verlag auf eigenen Wunsch. Wir wünschen ihr für die Zukunft alles Gute.

[Briefschluss mit Unterschriften wie beim Schlusszeugnis]

Teil 4
Weitere Textsorten

Protokoll 66

Gesuch 68

Einsprache 70

Einladung und Absage 72

Werbebrief 74

E-Mail 76

E-Mail-Knigge 78

Protokoll

Worum geht es?

Protokolle sind wichtige Dokumentations- und Informationsmittel. In einem Protokoll werden Inhalt, Verlauf und Beschlüsse von Sitzungen und Versammlungen festgehalten. Sobald das Protokoll genehmigt ist, gilt es als rechtskräftig und ist somit ein öffentliches Dokument. Das Verfassen eines Protokolls ist anspruchsvoll, da der Protokollführer bzw. die Protokollführerin sehr genau zuhören und das Gesagte sachlich korrekt und sprachlich gut verständlich niederschreiben muss.

Formen

Beschlussprotokoll	Diese Form beschränkt sich auf Ergebnisse und Beschlüsse, nennt Abstimmungs- und Wahlergebnisse und hält Arbeitsaufträge und Termine fest. Anwendung: Sitzungen, Besprechungen, Verhandlungen etc.
Kurzprotokoll	Das Kurzprotokoll hält das Gesagte zusammenfassend fest. Auf Wunsch werden einzelne Aussagen wörtlich protokolliert. Auch festgehalten werden Arbeitsaufträge, Termine und Beschlüsse. Das Kurzprotokoll ist die am häufigsten verwendete Form. Anwendung: siehe Beschlussprotokoll.
Wort-für-Wort-Protokoll	Bei dieser Form wird das Gesagte wortgetreu festgehalten. Oftmals wird das Gespräch aufgezeichnet. Das Verfassen von Wort-für-Wort-Protokollen ist sehr zeitintensiv. Die Form wird deshalb nur angewendet, wenn eine besondere Beweiskraft nötig ist. Beispiele: Gerichtsverhandlungen, polizeiliche Befragungen, heikle Verhandlungen, öffentliche Parlamentssitzungen (Nationalrat, Kantonsrat) etc.

Sprache

Als Grundsatz gilt: Protokolle müssen so verfasst sein, dass auch Personen, die bei den Gesprächen nicht anwesend waren, das Diskutierte und Beschlossene problemlos verstehen und nachvollziehen können. Sprache und Stil: neutraler, sachlicher Schreibstil, einfache, kurze Sätze und/oder Stichwörter, genaue Wortwahl, korrekte Rechtschreibung.

Häufig vorkommende Formulierungen

Einleitung und Schluss
- *(Name) eröffnet die Sitzung ... / begrüsst ... / heisst willkommen ...*
- *Das Protokoll wird genehmigt ... / einstimmig angenommen ... / verdankt ... / abgeändert ...*
- *(Name) erwähnt zum Schluss ... / dankt ... / erinnert an ... / schliesst die Sitzung ...*

Information
- *(Name) informiert darüber ... / gibt bekannt ... / erwähnt ... / berichtet ...*
- *(Name) sagt ... / berichtet ... / stellt dar ... / erklärt ... / erläutert ... / führt aus ...*
- *(Name) wiederholt ... / ergänzt ... / präzisiert ... / bestätigt ... / bekräftigt ...*

Wünsche und Anträge
- *(Name) wünscht ... / verlangt ... / fordert ... / beantragt ... / stellt den Antrag ...*

Zustimmung
- *(Name) stimmt zu ... / unterstützt ... / befürwortet ... / pflichtet (Name) bei ...*
- *(Name) ist auch der Ansicht, dass ... / schliesst sich der Meinung von (Name) an ...*

Meinung und Gegenmeinung
- *(Name) meint ... / weist darauf hin ... / betont ... / macht deutlich ... / ist der Meinung ...*
- *(Name) ist dagegen ... / wendet ein ... / lehnt ab ... / erwidert ... / erklärt sich nicht einverstanden mit ...*

Struktur

Viele Unternehmen und Verwaltungen haben einheitliche Vorlagen, damit die Protokolle in allen Abteilungen gleich verfasst werden. Die Dokumentvorlagen bestehen in der Regel aus zwei Teilen, dem Kopfteil und dem Hauptteil mit den Ausführungen zu den einzelnen Traktanden. Ein vollständiges Protokoll gibt Auskunft zu den W-Fragen Wo? (Ort, Raum); Wann? (Datum, Zeit); Wer? (Teilnehmende, Aufträge) und Was? (Traktanden). Siehe auch das Orientierungsbeispiel auf der rechten Seite.

Orientierungsbeispiel Kurzprotokoll (gekürzte Fassung)

Protokoll
Sitzung Organisationsteam Jahresevent OfficePlus AG, Burgdorf

Datum, Zeit	Mittwoch, 26.März 20XX / 13.30 – 15.10 Uhr
Ort	Sitzungszimmer 04, 2. Stock
Anwesende	Werner Bloch (WB), Renate Fabri (RF), Kurt Joho (KJ), Claudia Kaves (CK), Annette Müller (AM), Paula Neuer (PN), Marc Kieser (MK)
Leitung	Paula Neuer
Protokoll	Renate Fabri
Entschuldigte	Ludmilla Petri
Traktanden*	1. Protokoll Sitzung vom 20. Februar 20XX
	2. Allgemeine Informationen
	3. Ideensammlung Jahresevent 20XX
	4. Auswahl von 3 Ideen
	5. Verschiedenes

Paula Neuer begrüsst alle zur Sitzung, insbesondere Annette Müller, die neu zum Organisationsteam gestossen ist. Für Claudia Kaves, Vertreterin der Lernenden, ist es heute die letzte Sitzung. Zur vorliegenden Traktandenliste gibt es keine Änderungswünsche.

Inhalt, Beschlüsse	Aufträge/Termine
1. Protokoll 24. Februar 20XX – MK weist darauf hin, dass er an der Sitzung vom 27. Januar anwesend war, jedoch unter den Entschuldigten aufgeführt ist. – KJ möchte präzisiert haben, dass die Umfrage zum Jahresevent nicht nur beim Vertrieb, sondern bei allen Abteilungen durchgeführt wurde. – Das Protokoll wird mit den beiden Korrekturen genehmigt und verdankt.	
2. Allgemeine Informationen – PN gibt bekannt, dass die Geschäftsleitung auch für den Event 20XX erfreulicherweise 2 Arbeitstage bewilligt hat. Unklar ist noch, in welcher Höhe sich die Firma an den Kosten beteiligt. – Die Geschäftsleitung wünscht, dass ein Verschiebedatum eingeplant wird.	PN klärt ab bis 20.04.20XX
3. Ideensammlung Ausflug 20XX (Brainstorming) – [Text] …	Idee 1: PN und RF Idee 2: AM und MK Idee 3: WB und KJ
4. Auswahl von drei Ideen – [Text] …	
5. Verschiedenes – Für die Nachfolge von Claudia Kaves sollen bis zur nächsten Sitzung interessierte Personen gesucht werden, vorzugsweise in den Kreisen der Lernenden. WB geht auf Werbetour und unterbreitet Vorschläge. – Paula Neuer überreicht Claudia zur Verabschiedung einen Blumenstrauss und dankt ihr für die wertvolle Mitarbeit im Team.	WB, bis 20.04.20XX
Nächste Sitzung: Mittwoch, 20. April; Einladung folgt per E-Mail. Schluss der Sitzung: 15.10 Uhr	PN, bis 12.04.20XX

Sitzungsleitung	Protokoll
Paula Neuer	*R. Fabri*
Paula Neuer	Renata Fabri

*In Deutschland sind die Begriffe Traktandum/Traktanden nicht geläufig. Besser bekannt sind dort die Bezeichnungen *Verhandlungsgegenstand* und *Tagesordnungspunkte*, kurz *TOP* genannt.

Gesuch

Worum geht es?

Gesuche sind Bittschriften. Man bittet Behörden oder Firmen um eine Bewilligung oder eine Unterstützung für ein geplantes Vorhaben. Die meisten Gesuche richten sich an Behörden, Ämter, Polizei und an den Arbeitgeber. Oftmals geht es um finanzielle Unterstützung bestimmter Ideen, beispielsweise von Konzerten, Sportveranstaltungen, Vereinsanlässen etc. Formal wird ein Gesuch wie ein Geschäftsbrief gestaltet. Im Ton sollte das Schreiben sachlich, freundlich und gewinnbringend abgefasst sein. Wichtig ist vor allem auch eine überzeugende Argumentation.

Kompetenzen
- Ich weiss, worauf es bei einem Gesuch ankommt.
- Ich kann ein sachliches, überzeugendes Gesuch verfassen.

Disposition Textkörper	Hinweise
– **Betreffzeile** – Anrede – Ausgangslage – Gesuch formulieren – Begründungen – Bitte um Zustimmung – Gruss – evtl. Beilagen Siehe auch Beispiel auf der rechten Seite.	– im Brieftitel *Gesuch* verwenden – namentliche Anrede – überzeugende Argumente vorbringen – Schluss mit freundlicher Aufforderung – evtl. mehrere Unterschiften – mögliche Beilagen: Konzept, Budget und Finanzierungsplan – Eingabefristen einhalten

Ziel: Dem Gesuch wird ganz oder teilweise entsprochen.

Überzeugend argumentieren

Wer andere überzeigen will, muss sein Anliegen sachlich begründen. *Ich brauche diesen unbezahlten Urlaub dringend* oder: *Bitte unterstützen Sie unser Projekt* sind noch keine Argumente. Schreiben Sie, weshalb Sie den Urlaub dringend brauchen, weshalb man das Projekt unterstützen soll. Betonen Sie die Wichtigkeit und die Bedeutung der Unterstützung. Treten Sie selbstbewusst, aber nicht überheblich auf. Verwenden Sie Formulierungen wie: *Ihre Unterstützung ist sehr wichtig. / Sie können damit einen wesentlichen Beitrag zum Gelingen leisten. / Ohne Ihre Unterstützung ist das Projekt gefährdet. / Ihre Zustimmung bedeutet mir/uns sehr viel.* etc.

Und noch dies:

Wenn Gesuchen ganz oder teilweise entsprochen wird, ist das für die Gesuchsteller sehr erfreulich. Ein Dankesschreiben ist selbstverständlich, allenfalls mit einer Einladung zum Anlass. Wie ist zu reagieren auf eine Ablehnung? Auch wenn die Enttäuschung gross ist, sollten Sie sich auch bei einem negativen Bescheid schriftlich (Brief, Mail) bedanken. Allenfalls können Sie nach den Gründen der Ablehnung fragen oder darum bitten, das Gesuch nochmals zu prüfen. Schlecht kommen aggressive Töne, Anschuldigungen und Beschimpfungen an.

Orientierungsbeispiel Gesuch

Eat and Meet:
Gesuch um finanzielle Unterstützung ⇐ Betreffzeile

Sehr geehrter Herr Gemeindepräsident ⇐ Persönliche Anrede
Sehr geehrte Damen und Herren des Gemeinderats

Der Jugendclub Freienwil plant für das Wochenende vom **15./16. September 20XX** ⇐ Ausgangslage
ein Fest für alle Einwohnerinnen und Einwohner unseres Dorfes. Unter dem Motto
«**Eat and Meet**» sollen sich die Leute bei kulinarischen Genüssen begegnen und
besser kennen lernen. Das Rahmenprogramm beinhaltet verschiedene Spiele sowie
musikalische Beiträge mit Live-Bands.

Der Anlass soll auf dem neugestalteten **Dorfplatz** stattfinden. Dafür haben Sie uns,
sehr geehrte Damen und Herren des Gemeinderats, Ende Februar bereits eine
Bewilligung erteilt.

Nun ersuchen wir Sie um eine finanzielle Unterstützung des Anlasses in der Höhe ⇐ Gesuch
von **2000 Franken**. Wie Sie dem beigelegten Budget entnehmen können, werden ⇐ Begründung
wir diesen Beitrag in erster Linie für die Gagen der verschiedenen Musikbands einsetzen. Sollte ein Reinerlös entstehen, kommt dieser unserem Jugendclub zugute.

Wir bitten Sie, den Anlass «Eat and Meet» zu unterstützen. Sie würden damit einen ⇐ Bitte um Zustimmung
wesentlichen Beitrag dazu leisten, dass wir das Fest realisieren können. Auf Wunsch
stellen wir Ihnen das Projekt auch persönlich vor und beantworten gerne Ihre Fragen.

Freundliche Grüsse ⇐ Gruss

Jugendclub Freienwil

D. Probst   *A. Rizzo*
Dave Probst, Präsident   Angela Rizzo, Vizepräsidentin

Konzept ⇐ Beilagen
Budget

Disposition:

Einsprache

Worum geht es?

Ist man als Bürgerin oder Bürger mit einer Entscheidung, einem Vorhaben oder einer gesetzlichen Verfügung einer Amtsstelle oder Behörde nicht einverstanden, kann man sich mit einer Einsprache wehren. Die Einsprache gilt im schweizerischen Recht als erstinstanzliches Rechtsmittel. Häufig kommen Einsprachen zu Bauvorhaben und Steuern vor. Aber auch bei Sozialleistungen, Strassenverkehr-Bussen sowie bei Entscheidungen von Schulbehörden wird das Rechtsmittel oft ergriffen. Dabei sind die gesetzlichen Fristen unbedingt einzuhalten. Die Einsprache wird wie ein Geschäftsbrief aufgebaut. Wichtig für den Erfolg sind Sachlichkeit, Klarheit und eine überzeugende Argumentation.

Kompetenzen
- Ich weiss, worauf es bei einer Einsprache ankommt.
- Ich kann eine sachliche, gut begründete Einsprache verfassen.

Disposition Textkörper	Hinweise
– **Betreffzeile** – Anrede – Ausgangslage – Einsprache – Antrag/Anträge – Begründungen – Bitte um Prüfung/Stellungnahme – Gruss – evtl. Beilagen Siehe auch Beispiel auf der rechten Seite.	– im Brieftitel *Einsprache* verwenden – Ausgangslage kurz schildern – Antrag/Anträge ausformulieren – überzeugende Sachargumente vorbringen – Schluss mit freundlicher Aufforderung – evtl. mehrere Unterschriften – mögliche Beilagen: Pläne, Fotos etc. wichtig: Einsprachefrist bzw. Rekursfrist einhalten

Ziel: Die Entscheidung bzw. das Vorhaben wird aufgrund der Einsprache nochmals überprüft. Der Antrag wird in Ihrem Sinne entschieden.

Tipps zum Vorgehen
- Lesen Sie die Rechtsmittelbelehrung (Beispiel siehe unten) genau durch.
- Erkundigen Sie sich bei einem Rechtsdienst über die Rechtslage, das korrekte Vorgehen und die Möglichkeiten.
- Klären Sie bei der zuständigen Stelle ab, in welcher Form und an wen die Einsprache eingereicht werden muss. Die Verfahren sind von Kanton zu Kanton und von Gemeinde zu Gemeinde unterschiedlich.
- Informieren Sie sich, welche Unterlagen Sie beilegen müssen.
- Reichen Sie die Einsprache frühzeitig ein; halten Sie die gesetzten Termine ein.
- Verschicken Sie den Brief eingeschrieben.

Und noch dies:

Den meisten amtlichen Verfügungen liegt eine sogenannte Rechtsmittelbelehrung bei. Darin wird darauf hingewiesen, dass innerhalb einer bestimmten Frist Einsprache erhoben werden kann. Reagieren die Betroffenen nicht, gilt die Entscheidung als akzeptiert. – Ein Beispiel der Finanzdirektion des Kantons Bern:

Rechtsmittel
Gegen die Veranlagungsverfügung kann innert 30 Tagen nach der Eröffnung der Verfügung schriftlich Einsprache bei der Steuerverwaltung des Kantons Bern erhoben werden. Eine Einsprache muss brieflich und mit Unterschrift erfolgen. Eingaben per Fax oder E-Mail werden nicht akzeptiert. [...] Die Einsprache ist kostenlos. Die Einsprache ist zu begründen und allfällige Beweismittel sind zu nennen. [...]

Orientierungsbeispiel Einsprache

	Disposition
Einsprache: Verkehrsumleitung auf die Weidstrasse	⇐ Betreffzeile
Sehr geehrte Damen und Herren	⇐ Anrede
Der Gemeinderat beabsichtigt, aus Sicherheitsgründen den Velo- und Mofaverkehr von der Hauptstrasse auf die Weidstrasse umzuleiten. Dazu soll das Trottoir mit einem Fahrstreifen für Fahrräder und Mofas ergänzt werden. Nach eingehendem Studium der Pläne erhebt unser Quartierverein «Weidmatt» Einsprache gegen das Vorhaben und stellt folgende Anträge.	⇐ Ausgangslage ⇐ Einsprache
Anträge	⇐ Anträge
1. Auf die Verbreiterung des Weidstrasse-Trottoirs und den Bau eines Fahrstreifens auf den Parzellen Nr. 1134, 1135 und 1136 ist zu verzichten.	
2. Beim bestehenden Fahrweg entlang der Hauptstrasse soll dafür die Sicherheit mit geeigneten Massnahmen erhöht werden.	
Begründung	⇐ Begründungen
– Die Weidstrasse führt durch ein ruhiges Wohnquartier. Durch die geplante Umleitung würden die Lärmimmissionen stark zunehmen, vor allem durch die Motorfahrräder. Dies hätte für die Anwohner eine Verminderung der Lebensqualität zur Folge.	⇐ Argumente
– Das bisherige Trottoir wird rege durch Bewohnerinnen und Bewohner des nahe gelegenen Altersheims «Hölzlimatt» benützt. Durch den zusätzlichen Velo- und Mofaverkehr wäre deren Sicherheit gefährdet.	
– Entlang der Weidstrasse hat es etliche Ein- und Ausfahrten, die schon jetzt für die Fussgängerinnen und Fussgänger eine ständige Gefahr darstellen.	
– Die neuralgischen Stellen beim bestehenden Fahrweg entlang der Hauptstrasse können unseres Erachtens mit geringem finanziellem Aufwand sicherer gemacht werden.	
Wir bitten den Gemeinderat, unsere Einsprache zu prüfen, und danken für die Antwort. Gerne sind wir zu einem Gespräch und einer gemeinsamen Ortsbesichtigung bereit.	⇐ Bitte um Prüfung
Freundliche Grüsse	⇐ Gruss
M. Bolliger-Meier	
Martina Bolliger-Meier, Präsidentin QV Weidmatt	
Liste mit Unterschriften	⇐ Beilagen
Fotoaufnahmen vom 16. Oktober 20XX	

Einladung und Absage

Worum geht es?

Eine Betriebseröffnung, ein Tag der offenen Tür, ein Firmenjubiläum, eine Ausstellung … Es gibt unzählige Anlässe für Einladungen. Sie dienen dazu, den Kontakt zu den bisherigen Kundinnen und Kunden zu pflegen und neue zu gewinnen. Solche Anlässe sind also auch ein Marketinginstrument. Auch wenn die Einladungsschreiben als Serienbriefe auf dem offiziellen Briefpapier verschickt werden, müssen sie in einer persönlichen Note verfasst sein. Anschriften wie *An die Kundschaft* und Anreden wie *Sehr geehrte Damen und Herren* wirken unpersönlich. Besser sind namentliche Adressierungen und persönliche Anreden.

Kompetenzen

- Ich kenne die wesentlichen Elemente eines Einladungsschreibens.
- Ich kann eine ansprechende, persönliche Einladung verfassen.

Disposition Textkörper	Hinweise
– Betreffzeile	– offizielles Briefpapier verwenden
– Anrede	– persönliche Anschrift, auch bei Serienbriefen
– Einleitung	– attraktiven Brieftitel setzen
– Informationen (W-Fragen)	– namentliche Anrede
– Hinweis auf Anmeldung	– W-Fragen: Wann? Wo? Was?
– Schluss	– evtl. auch Hinweise zu Programm, Essen, Kleidung, Musik etc.
– Gruss	– einladender Schluss
– evtl. Beilagen	– handschriftliche Unterzeichnung
Siehe auch Beispiel auf der rechten Seite.	– mögliche Beilagen: Anmeldekarte, Lageplan etc.

Ziel: Die Eingeladenen fühlen sich angesprochen und melden sich für die Feier an.

Die Absage

Am einfachsten ist die Abmeldung, wenn eine An- bzw. Abmeldekarte vorhanden ist. Doch auch diese kann man zusätzlich mit einem persönlichen Dank und dem Hinweis auf den Absagegrund versehen. Bei privaten und geschäftlichen Anlässen im kleinen Kreis sollte die Abmeldung mit einem persönlichen Schreiben erfolgen – per Brief, E-Mail oder allenfalls handgeschrieben auf einer passenden Karte. Bedanken Sie sich für die Einladung, bedauern Sie, dass Sie am Anlass nicht teilnehmen können, begründen Sie Ihr Fernbleiben, wünschen Sie dem Gastgeber oder der Gastgeberin viel Erfolg. Persönliche Absagen drücken Wertschätzung aus und erhalten Freundschaften und Kontakte.

Und noch dies:

- Die sprachlich falsche Form *Einladung zum 20-jährigen Jubiläum* kommt trotz unzähliger Hinweise in Sprachbüchern sehr häufig vor. (Selbst im Duden findet man das Beispiel *das 150-jährige Jubiläum der Firma*.) Weshalb, ist nicht erklärbar. Erklärbar ist hingegen, warum die Form nicht korrekt ist: Das Jubiläum ist der Anlass, der *Jubeltag* selbst. Und dieser dauert wohl kaum 20 Jahre lang. Die Firma besteht jedoch seit 20 Jahren. Korrekt sind also Formulierungen wie *Jubiläumsfeier zum 20-jährigen Bestehen unserer Firma / Einladung zur Jubiläumsfeier: 20 Jahre Meyer & Söhne AG*.
- Ein zweiter Fehler, der oftmals im Zusammenhang mit Einladungen auftaucht: *Wir heissen Sie herzlich Willkommen!* Hier liegt ein Rechtschreibefehler vor: *Willkommen* ist kein Nomen, sondern ein Adjektiv und wird daher klein geschrieben, ausser natürlich bei Satzanfängen. Korrekt ist also: *Wir heissen Sie herzlich willkommen!*

Orientierungsbeispiel Einladung

	Disposition
Zehn Jahre BookArt **Feiern Sie mit uns!**	⇐ Betreffzeile
Lieber Herr von Tobel	⇐ persönliche Anrede
Seit zehn Jahren verlegen wir Kunstbücher und Kataloge für Museen, Galerien und Ausstellungen. Begonnen hat alles mit einem Ausstellungskatalog für die Luzerner Galerie «Kunstraum».	⇐ Einleitung
Gerne möchten wir nun das 10-jährige Bestehen von BookArt mit unseren ehemaligen Mitarbeitenden und unseren Kundinnen und Kunden feiern. Bitte reservieren Sie sich folgendes Datum:	
Donnerstag, 25. Oktober 20XX, 19.00 Uhr KKL, Pavillon, Europaplatz 1, Luzern	⇐ Informationen ⇐ Wann? Wo?
Nach der Begrüssung um 19.30 Uhr überraschen wir Sie mit verschiedenen kulinarischen und kulturellen Leckerbissen. Dabei bildet das speziell kreierte musikalisch-literarische Stück «Rück→ Durch→ und Ausblick» einen Höhepunkt.	⇐ Programm
Wir freuen uns, wenn auch Sie dabei sind! Senden Sie uns bitte bis Ende September die beigelegte Anmeldekarte zu oder verwenden Sie das elektronische Formular unter www.bookart.com.	⇐ einladender Schluss
Beste Grüsse *S. Reinhardt* Sarah Reinhardt, Verlagsleiterin	⇐ handschriftliche Unterzeichnung
Anmeldekarte	

Orientierungsbeispiel Absage

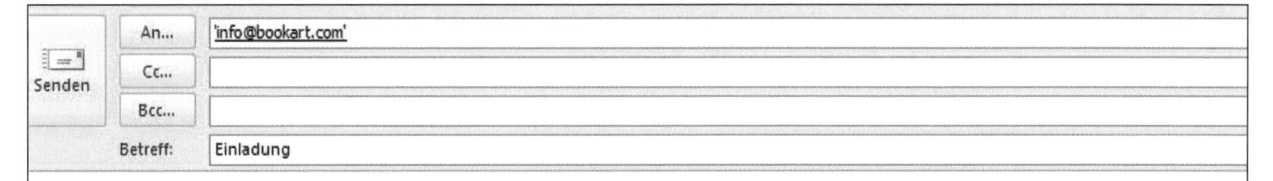

An: 'info@bookart.com'
Cc:
Bcc:
Betreff: Einladung

Liebe Frau Reinhardt

Besten Dank für die Einladung zur Jubiläumsfeier vom 25. Oktober in Luzern.

Schön, dass Sie an mich gedacht haben. Gerne erinnere ich mich an meine Beratungstätigkeit im ersten Jahr des Verlagsaufbaus und an die gute Zusammenarbeit. Nun dürfen Sie das 10-jährige Bestehen feiern. Dazu gratuliere ich Ihnen ganz herzlich!

Leider kann ich an der Feier nicht teilnehmen, da ich ab Oktober für fünf Monate in London arbeite. Danach bin ich wieder in Zürich und würde Sie gerne in Luzern besuchen. Ich melde mich bei Ihnen.

Für die Feierlichkeiten vom 25. Oktober wünsche ich gutes Gelingen und dem Verlag weiterhin viel Erfolg!

Beste Grüsse
Peter von Tobel

Werbebrief

Worum geht es?
Der Werbebrief ist ein klassisches Instrument des Direktmarketings. Im Gegensatz zu Streusendungen wie Flyern, Prospekten und Katalogen wird eine bestimmte Zielgruppe direkt angeschrieben und beworben. Werbebriefe sind ähnlich aufgebaut wie Geschäftsbriefe. Bei der Funktion gibt es aber einen wesentlichen Unterschied: Nicht die Information, sondern Appellation und Stimulanz stehen im Vordergrund. Der Text soll Bedürfnisse ansprechen und Emotionen wecken. Ein anderes Merkmal ist die Nutzenorientierung: Die Lesenden müssen erfahren, welchen Nutzen sie haben, wenn sie das Produkt kaufen oder eine Dienstleistung beziehen. Der Aufbau des Werbebriefs orientiert sich oftmals an der AIDA-Formel.

Kompetenzen
- Ich kenne die wesentlichen Merkmale eines Werbebriefs.
- Ich kann einen stimulierenden Werbebrief nach der AIDA-Formel verfassen.

Disposition Textkörper	Hinweise
– Betreffzeile – persönliche Anrede – stimulierende Einleitung – Informationen und Stimulanz – Aufforderung, Appell – Gruss – PS (Postskriptum) Siehe auch Beispiel auf der rechten Seite.	– mit dem Brieftitel Aufmerksamkeit erzeugen – mit den ersten Sätzen das Interesse wecken, Atmosphäre schaffen – Balance zwischen Information und Werbung halten – Nutzen und Vorteile hervorheben – klar, aber nicht zu aggressiv appellieren – handschriftliche Signatur – PS formulieren, denn es wird stark beachtet

Ziel: Die umworbenen Personen kaufen das Produkt bzw. nehmen die Dienstleistung in Anspruch.

Die AIDA-Formel
Die AIDA-Formel basiert auf dem bekannten AIDA-Modell. Dieses Modell geht davon aus, dass die Kundinnen und Kunden jeweils vier Phasen durchlaufen, bevor sie einen Kaufentscheid fällen. AIDA steht für die englischen Begriffe **Attention**, **Interest**, **Desire** und **Action**. Das Modell wird bei verschiedenen Werbemassnahmen verwendet. Auch beim Werbebrief können die vier Begriffe gezielt eingesetzt werden.

AIDA-Formel	Ziel
A für Attention	Aufmerksamkeit erzeugen; mit sprachlichen und gestalterischen Mitteln
I für Interest	Interesse am Produkt, an der Dienstleistung wecken; neugierig machen, den Nutzen erkennen
D für Desire	den Wunsch für den Kauf des Angebots erzeugen und/oder verstärken; das Gefühl «Ich möchte das haben» erzeugen
A für Action	die Handlung auslösen: Kauf eines Produkts/einer Dienstleistung, Besuch eines Anlasses, Teilnahme an einem Event etc.

Und noch dies:
Eine allzu aggressive Werbesprache mit lauter Superlativen wie *das Beste, Grösste, ultimativ, absolut einmalig, noch nie dagewesen* etc. kann sich auf das Kaufverhalten negativ auswirken. Es gilt, die Balance zwischen Information und Werbung zu halten. Zudem sind Sprache und Stil vom Zielpublikum sowie vom Produkt bzw. von der Dienstleistung abhängig. Bei einem Werbebrief für Busreisen, der an Senioren gerichtet ist, braucht es eine andere Sprache als bei einer Werbung für Städtereisen, die junge Menschen zwischen 20 und 30 Jahren anvisiert.

Orientierungsbeispiel Werbebrief

Jetzt gibt es ein neues Aroma zu entdecken ...

Sehr geehrte Frau Beeler

Bei **Nespresso** ist es unser erstes Anliegen, auf Ihre Wünsche und Bedürfnisse einzugehen. So können wir immer wieder neue, überraschende Geschmacksrichtungen kreieren, die alle Ihre Erwartungen punkto Genuss erfüllen.

Aus diesem Grund hatten die Mitglieder des Nespresso Clubs auch dieses Jahr die Gelegenheit, unter drei originellen Vorschlägen ihre bevorzugte Sorte zu wählen. Bei diesem Wettbewerb ging in der Schweiz der **Cioccorosso** als Sieger hervor.

In diesem Kaffee vereint sich der köstliche Geschmack dunkler Schokolade mit der erfrischenden Note roter Beeren und einem deliziösen Röstaroma des **Grand Cru Livanto**. Wir laden Sie ein, diesen Kaffee zu probieren!

Und wenn Sie schon beim Degustieren sind, warum versuchen Sie nicht auch gleich die beliebten Variationen **Vanilio, Ciocattino und Caramelito?** Diese drei Sorten haben wir nun ebenfalls in unser Dauersortiment aufgenommen.

Wir wünschen Ihnen schöne Feiertage und höchsten Kaffeegenuss!

Freundliche Grüsse

NESPRESSO CLUB

M. Martinez

Marianne Martinez, Direktorin Club Schweiz

PS: **Profitieren Sie!** Bis 30. November 20XX offerieren wir Ihnen die Lieferkosten für alle über unsere Mobile Apps oder übers Internet www.nespresso.com aufgegebenen Bestellungen.

Disposition

⇐ Betreffzeile:
⇐ Attention (etwas Neues entdecken)
⇐ persönliche Anrede

⇐ Einleitung:
⇐ kundenorientiert, stimulierend

⇐ Information:
⇐ Wettbewerb, Sieger

⇐ Interest
⇐ Desire
⇐ Action

⇐ Aufforderung, Appell:
⇐ Desire
⇐ Action

⇐ Gruss

⇐ handschriftliche Signatur

⇐ PS mit Appell
⇐ nutzenorientiert
⇐ Action

E-Mail

Worum geht es?

Die elektronische Post, E-Mail oder kurz Mail genannt, ist keine Textsorte im eigentlichen Sinn, sondern ein Kommunikationsmittel. Die E-Mail, schweizerisch auch das E-Mail, gehört heute zu den wichtigsten und am meisten genutzten Diensten des Internets und hat die traditionellen Kommunikationsformen wie Telefon, Fax und Brief stark zurückgedrängt. Die Vorteile liegen auf der Hand: Informationen können kostengünstig sowie orts- und zeitunabhängig innert Sekunden weltweit ausgetauscht werden, mit einem Mausklick erreicht man gleichzeitig mehrere Empfänger, und digitale Dokumente können problemlos verschickt und vom Empfänger bearbeitet werden.

Kompetenzen

- Ich weiss, worauf man beim Verfassen von E-Mails achten muss, und kenne die wichtigsten Regeln.
- Ich kann prägnante, informative, klar gegliederte E-Mails verfassen.

Gliederung und Inhalt

Kopfzeile (header)	Die Kopfzeile besteht aus den Feldern für die Empfängeradresse (An), Kopie (Cc) und Mailtitel (Betreff). – Empfängeradresse: Bei mehreren Adressen wird je nach Programm mit Komma oder Strichpunkt abgetrennt. – Kopie: Das Cc steht für «carbon copy». Die Adressaten im Cc erhalten die Nachricht nur zur Kenntnisnahme; eine Antwort wird nicht erwartet. Es gibt auch das Feld «Bcc» (blind carbon copy). Solche Blindkopien sind jedoch verpönt, da sie gegen die Gebote der Fairness und Transparenz verstossen. – Betreff: Kurzer, prägnanter Hinweis auf den Inhalt. Bei der Bearbeitung und Verwaltung ist der Betreff sehr wichtig und sollte daher in keiner Mail fehlen.
Textkörper (body)	Der Textkörper wird ähnlich aufgebaut wie beim Geschäftsbrief: – Anrede: *Guten Tag Frau … / Sehr geehrter Herr … / Hallo Martina* etc. – Einleitung: Dank mit Bezug auf die Mail-Nachricht, Frage etc. – Mittelteil: Thema, Anliegen, Situation, Problem etc. – Schluss: Wunsch, Bitte, Erwartungen, Aufforderung, Dank etc. – Gruss: *Freundliche Grüsse / Beste Grüsse / Freundlich grüsst* etc.
Signatur (signature block)	Nach der Grussformel folgt die sogenannte Signatur mit den wichtigsten Kontaktdaten: Name, Beruf/Titel, Adresse, Telefonnummer, Website. Die Signatur erleichtert die Kontaktaufnahme. Daher empfiehlt es sich, das Programm so einzurichten, dass die Signatur bei allen Mails automatisch eingefügt wird.
Anhang (attachment)	Ein grosser Vorteil bei der E-Mail-Kommunikation ist die Möglichkeit, andere Dateien anzuhängen. Umfangreiche Dateien wie Bilder müssen komprimiert oder als ZIP-Datei verschickt werden. Im Textkörper sollte auf die Anhänge kurz hingewiesen werden.

Und noch dies:

E-Mails sind ebenso Visitenkarten einer Person oder einer Firma wie der traditionelle Brief. Sprachlich und formal müssen E-Mails daher dieselben Qualitätsanforderungen (siehe Seite 8) erfüllen wie Geschäftsbriefe – und zwar sowohl bei der externen als auch internen Kommunikation. No-Gos sind: unstrukturiertes Drauflosschreiben im Parlando-Stil (Plauderstil), konsequente Gross- oder Kleinschreibung, Mundart, grobe Rechtschreibefehler sowie Abkürzungen wie *FG* statt *Freundliche Grüsse*.

Tipps für die E-Mail-Kommunikation

- Der wichtigste Hinweis: E-Mails sind öffentliche Schreiben. Prüfen Sie daher genau, was und wie Sie schreiben. Seien Sie vorsichtig mit negativen Aussagen über Personen und Situationen.
- Überprüfen Sie beim Verwenden der Funktionen *Allen antworten* und *Weiterleiten* stets die Kopfzeile. Passen Sie bei Bedarf die Empfängeradressen an.
- Prüfen Sie jeweils, was von der vorangegangenen Korrespondenz (nach unten scrollen!) weitergeleitet werden soll. Die Inhalte sind möglicherweise nicht für alle bestimmt.
- Verwenden Sie die Markierung *Wichtigkeit hoch* nur sehr zurückhaltend.
- E-Mails dienen dem raschen Informationsaustausch. Fassen Sie sich daher kurz.
- Gliedern Sie die Nachricht in Abschnitte. Heben Sie Wichtiges hervor (fett) und wählen Sie eine gut lesbare Schrift in der Grösse 10, 11 oder 12.
- Überprüfen Sie Rechtschreibung und Grammatik mit dem automatischen Rechtschreib-Programm.
- Fügen Sie die Empfängeradressen erst nach der letzten Kontrolle des Inhalts ein. Dadurch können Sie sicherstellen, dass die Mail nicht fälschlicherweise zu früh verschickt wird.
- Obwohl die elektronische Post ein schnelles Medium ist, muss nicht jede Nachricht innerhalb von Minuten oder Stunden beantwortet werden. Unterscheiden Sie zwischen «sofort» / «morgen» / «hat noch Zeit».
- Verfassen und versenden Sie keine Mails, wenn Sie verärgert sind.
- Beachten Sie auch den E-Mail-Knigge auf Seite 78.

Orientierungsbeispiel E-Mail

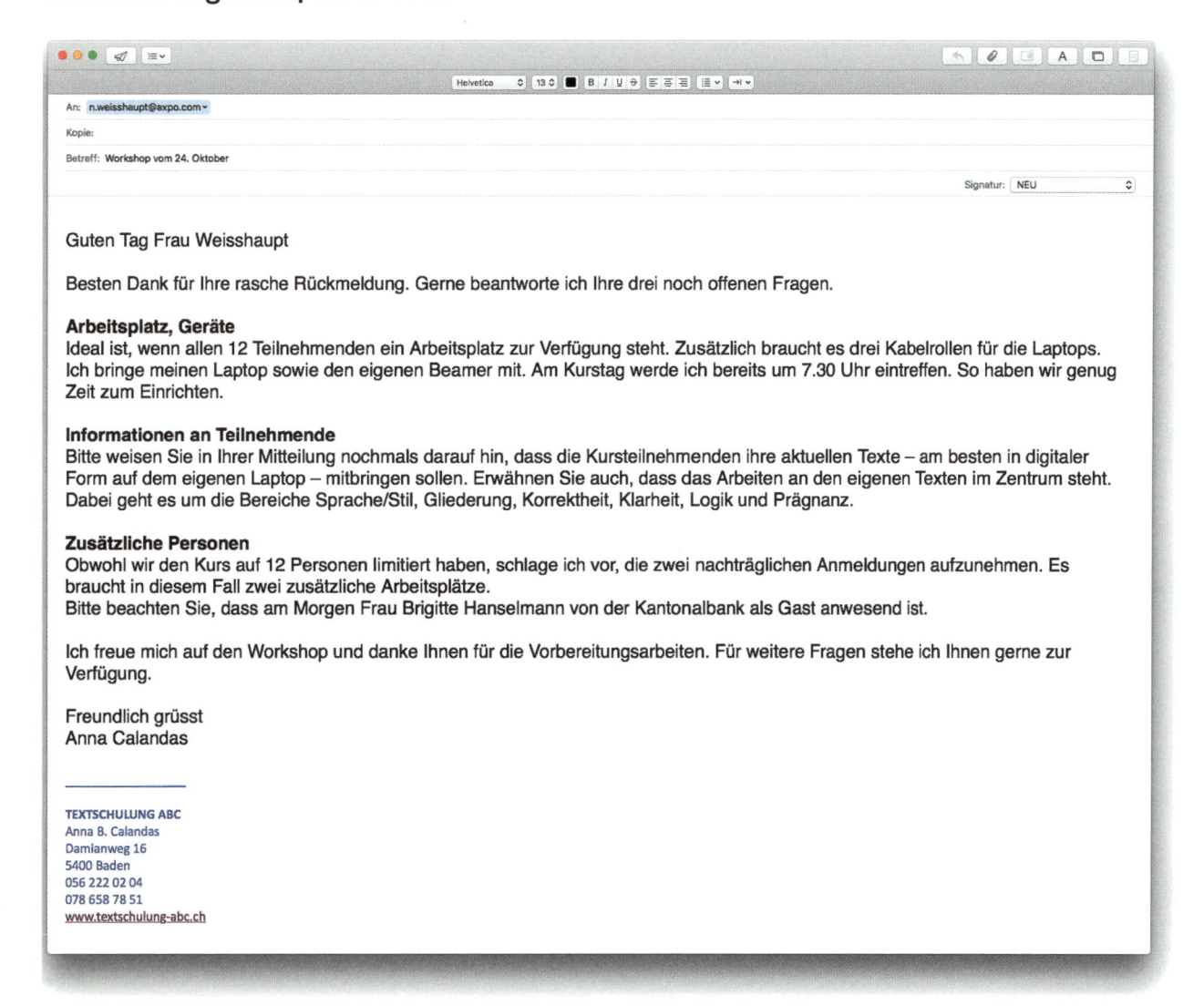

An: n.weisshaupt@axpo.com
Kopie:
Betreff: Workshop vom 24. Oktober

Signatur: NEU

Guten Tag Frau Weisshaupt

Besten Dank für Ihre rasche Rückmeldung. Gerne beantworte ich Ihre drei noch offenen Fragen.

Arbeitsplatz, Geräte
Ideal ist, wenn allen 12 Teilnehmenden ein Arbeitsplatz zur Verfügung steht. Zusätzlich braucht es drei Kabelrollen für die Laptops. Ich bringe meinen Laptop sowie den eigenen Beamer mit. Am Kurstag werde ich bereits um 7.30 Uhr eintreffen. So haben wir genug Zeit zum Einrichten.

Informationen an Teilnehmende
Bitte weisen Sie in Ihrer Mitteilung nochmals darauf hin, dass die Kursteilnehmenden ihre aktuellen Texte – am besten in digitaler Form auf dem eigenen Laptop – mitbringen sollen. Erwähnen Sie auch, dass das Arbeiten an den eigenen Texten im Zentrum steht. Dabei geht es um die Bereiche Sprache/Stil, Gliederung, Korrektheit, Klarheit, Logik und Prägnanz.

Zusätzliche Personen
Obwohl wir den Kurs auf 12 Personen limitiert haben, schlage ich vor, die zwei nachträglichen Anmeldungen aufzunehmen. Es braucht in diesem Fall zwei zusätzliche Arbeitsplätze.
Bitte beachten Sie, dass am Morgen Frau Brigitte Hanselmann von der Kantonalbank als Gast anwesend ist.

Ich freue mich auf den Workshop und danke Ihnen für die Vorbereitungsarbeiten. Für weitere Fragen stehe ich Ihnen gerne zur Verfügung.

Freundlich grüsst
Anna Calandas

TEXTSCHULUNG ABC
Anna B. Calandas
Damianweg 16
5400 Baden
056 222 02 04
078 658 78 51
www.textschulung-abc.ch

E-Mail-Knigge

Vertraulichkeit Seien Sie sich bewusst, dass (unverschlüsselte) Mails wie Postkarten sind; sie können leicht herumgereicht bzw. herumgeschickt werden. Auch weiss man nie, von wem die Mails geöffnet werden. Wählen Sie daher für vertrauliche Inhalte die herkömmliche Briefpost, evtl. sogar als Einschreiben (Kündigungen, Arbeitszeugnisse, Mahnungen, Verträge, Gesuche u. a.).

Sensible Daten Reagieren Sie nie auf Aufforderungen, Ihr Passwort oder Ihre Kontonummer anzugeben. Und versenden Sie keine sensiblen Daten per E-Mail. Dazu gehören Passwörter, Log-in-Daten, Nummern von Kreditkarten, Bank- und Postkonten, Arbeitszeugnisse und andere Personenbeurteilungen.

Unbekannte Absender Bei unbekannten Absendern ist Vorsicht geboten. Prüfen Sie den Text genau und löschen Sie die Mail bei Unsicherheit.

Massenmails Leiten Sie sogenannte Massen- oder Kettenmails nie weiter. In den Anhängen können Viren, Würmer und Trojaner versteckt sein. Öffnen Sie keine Attachments. Löschen Sie solche E-Mails sofort. Leeren Sie regelmässig die Ordner «Gelöschte Mails» und «Junk-E-Mail».

Klarheit Unklarheit gehört zu den häufigsten Mängeln bei E-Mails. Der Absender versteht zwar, was gemeint ist, die Adressaten können aber die Botschaft nicht oder nur schwer entschlüsseln. Vermeiden Sie Unklarheiten, indem Sie sich an die Regel halten: Schreiben Sie so, dass die anderen genau das verstehen, was Sie meinen.

Standardsprache Schreiben Sie in der Standardsprache und halten Sie sich auch beim Verfassen von E-Mails an die Regeln guter Texte: Klarheit, Korrektheit, Leserorientierung und Prägnanz. No-Gos sind: Mundart, Parlando-Stil (Plauderstil), durchgehende Kleinschreibung, saloppe und derbe Sprache.

Prägnanz Fassen Sie sich kurz und knapp. Bringen Sie Ihr Anliegen mit wenigen klaren Sätzen auf den Punkt. Das Wichtigste gehört an den Anfang. E-Mails dienen primär der raschen Information und sind keine Kommunikationsplattform. Streichen Sie alles Überflüssige, Nebensächliche und Floskelhafte weg.

Stilvariationen Passen Sie den Stil und den Ton den Adressaten an. Ist bei der Kommunikation mit Vereinskollegen und -kolleginnen ein lockerer Stil angebracht (*Hallo Sportsfreunde*), so sollten Sie bei einer Anfrage ans Steueramt die förmliche Schreibweise verwenden (*Sehr geehrte Frau …*).

Höflichkeit Auch wenn in E-Mails Schreibstil und Ton oft lockerer sind, ist eine allzu private, informelle Ausdrucksweise zu vermeiden. Bleiben Sie freundlich und bewahren Sie Stil, auch wenn Sie auf salopp formulierte E-Mails antworten. Erhalten Sie hingegen eine Antwort mit einem *Grüezi* und *sommerlichen Grüssen* können Sie sich diesem weniger formellen Stil anpassen.

Emotionen Eine E-Mail ist schnell geschrieben und noch schneller verschickt. Dies birgt Gefahren. Versenden Sie nie eine E-Mail, die in Verärgerung oder Wut verfasst wurde. Rasch vergreift man sich im Ton und «dekoriert» den Text mit Wörtern in Grossbuchstaben (*Ich sage NEIN.*), saloppen Formulierungen (*Die wollen mich verarschen.*) und mit aggressiv wirkendenden Satzzeichen (*!!!!*) oder Emoticons :-(:-|| :-> :-P ;-).

Korrektheit Prüfen Sie vor jedem Versenden die Rechtschreibung und Zeichensetzung, die Gestaltung (Abschnitte) und den Inhalt (Daten, Namen, Fakten). Denken Sie daran: E-Mails gelten, wie Geschäftsbriefe, als Visitenkarten einer Firma.

Weiterleiten Überlegen Sie genau, welche E-Mails Sie an wen weiterleiten. Sie riskieren, Misstrauen zu erwecken und allenfalls sogar Datenschutzrichtlinien zu verletzen. Leiten Sie E-Mails mit heiklen Angaben und persönlichem Inhalt nie an Drittpersonen weiter. Handelt es sich jedoch um reine Sachinformationen, ist das Weiterleiten unproblematisch.

Rechtsverbindlichkeit E-Mails haben wenig Beweiskraft, da schwierig zu beweisen ist, wer, wann, was an wen verschickte und ob der Empfänger oder die Empfängerin die E-Mail tatsächlich erhalten hat. Verwenden Sie daher aus Beweisgründen für Wichtiges die Briefform und verschicken Sie das Dokument per Post – als Einschreiben.

Archivierung Archivieren Sie geschäftsrelevante E-Mails in einem übersichtlichen Ordnungssystem. Das Kategorisieren nach Farben, Namen und/oder Themen unterstützt Sie bei der Suche nach bestimmten Mailkontakten.

Die Vermeide-Verwende-Liste

Worum geht es?

In dieser **Vermeide-Verwende-Liste (VV-Liste)** sind alphabetisch geordnet Einzelwörter, Ausdrücke und Sätze aufgelistet, die in schriftlichen Kommunikationstexten wie Briefen und E-Mails oft vorkommen. Die meisten Beispiele stammen aus der Praxis. Bei einzelnen wurde die Originalform leicht abgeändert. Die Auflistung ist nicht als abgeschlossen zu verstehen; sie kann also beliebig ergänzt werden.

Viele Wörter und Ausdrücke sind nicht falsch, weisen aber stilistische Mängel auf. Einzelne enthalten jedoch klare grammatikalische oder semantische Fehler. Semantische Fehler entstehen, wenn ein falsches oder ungenaues Wort gewählt wird, z. B. *billige* Preise statt *tiefe* Preise.

Nicht aufgeführt in der Liste sind Stilmängel und Sprachfehler auf der Satzebene, wie z. B. Nominalstil, Passivsätze und Konjunktivformen. Diese Themen werden auf den Seiten 12–22 behandelt. Auch finden sich in der Liste keine Rechtschreib- und Zeichensetzungsfehler, beispielsweise *anullieren* statt *annullieren* oder das fehlende Komma bei dass-Nebensätzen.

Kategorien

Die aufgelisteten Stilmängel und Fehler sind folgenden Kategorien zugeordnet:
– **Semantik:** Bei der Semantik geht es um die Bedeutung und Wirkung von Wörtern und Ausdrücken. Die VV-Liste unterscheidet folgende Unterkategorien: veraltet, Reizwort (siehe Seite 12), Pleonasmus (siehe Seite 14) und Helvetismus (siehe Seite 14).
– **Stil:** siehe Seite 14.
  Unterkategorien sind Papierdeutsch, bildungssprachlich, umgangssprachlich (ugs.) und salopp.
– **Grammatik:** siehe Seite 14.
– **Füllwort:** siehe Seite 12.
– **Floskel:** siehe Seite 12.

Parlando-Stil

Bei einzelnen Kategorien wird zusätzlich auf den Parlando-Stil hingewiesen. Als Parlando-Stil (von ital. parlare = reden) bezeichnet man einen Schreibstil, der sich stark an der gesprochenen Sprache orientiert: Man schreibt so, wie man spricht. Dieser Stil wird oftmals in privaten Briefen, E-Mails und Kurznachrichten verwendet. Typische Merkmale sind: umgangssprachliche und saloppe Wörter, Mundartausdrücke, Abkürzungen, unvollständige Sätze, Füllwörter und Floskeln sowie auch Fehler bei Rechtschreibung, Zeichensetzung und Grammatik.

Die Vermeide-Liste (V-Liste)

Aus der Vermeide-Verwende-Liste wurde eine sogenannte **Vermeide-Liste (V-Liste)** erstellt (siehe Seite 95). Sie ist unkommentiert und enthält Einzelwörter, Ausdrücke und Wortgruppen, die entweder semantische oder grammatische Fehler aufweisen oder gegen wichtige Stilregeln verstossen.

Die Vermeide-Verwende-Liste (VV-Liste) für Kommunikationstexte

Vermeiden	Kategorie (Unterkategorie)	Verwenden
A		
abzüglich Abzüglich einem Rabatt von …	Grammatik	Abzüglich eines Rabatts von … (Fallfehler → Genitiv)
aktive Teilnahme	Semantik (Pleonasmus)	Die Teilnahme …
aktuellste Die aktuellsten Informationen …	Grammatik	Die aktuellen Informationen … (Das Adjektiv *aktuell* ist nicht steigerbar.)
allerseits Wir hoffen auf allerseits gute Zusammenarbeit.	Semantik (veraltet)	Wir hoffen auf gute Zusammenarbeit.
allfällig Gerne beantworten wir Ihre allfälligen Fragen.	Füllwort	Gerne beantworten wir Ihre Fragen.
allseitig Wir hoffen auf allseitiges Einverständnis.	Stil (Papierdeutsch)	Wir hoffen, dass alle (Beteiligten) einverstanden sind.
alsbald Wir freuen uns, Sie alsbald bei uns begrüssen zu dürfen.	Semantik (veraltet)	Wir freuen uns, Sie bald bei uns begrüssen zu dürfen.
als Beilage Als Beilage senden wir Ihnen …	Semantik (veraltet)	Wir senden Ihnen … Sie erhalten …
also Haben Sie also meine Anmeldung noch nicht erhalten?	Füllwort	Haben Sie meine Anmeldung noch nicht erhalten?
am …, den (Datum) Wir beginnen mit dem Sprachkurs am Montag, den 15. April 20XX.	Grammatik	Wir beginnen mit dem Sprachkurs am Montag, dem 15. April 20XX. Der Sprachkurs beginnt Montag, den 15. April 20XX.
an Herr und Frau Schwarz Eine Kopie geht an Herr und Frau Schwarz.	Grammatik	Eine Kopie geht an Herrn und Frau Schwarz. (Fallfehler → Akkusativ, an wen?)
An Herrn … / An Frau … (bei Anschriften)	Semantik (veraltet)	Herr … / Frau …
an sich Wir haben an sich nichts einzuwenden.	Floskel	Wir haben nichts einzuwenden. (Oder positiv: Wir sind damit einverstanden.)
an und für sich An und für sich akzeptieren wir diese Kritik.	Floskel	Wir akzeptieren diese Kritik.
an was …? An was erkennt man die Qualität?	Stil (ugs.)	Woran erkennt man die Qualität?
anbei Anbei sende ich Ihnen … Anbei erhalten Sie …	Füllwort	Wir senden Ihnen … Sie erhalten …
Anfangs Anfangs des Jahres … Anfangs Juni …	Grammatik	Anfang des Jahres / Anfang 20XX Das Adverb *anfangs* steht ohne eine Zeitangabe: Sie hat anfangs (anfänglich) gute Arbeit geleistet.
angesichts (der Tatsache) Angesichts der Tatsache, dass …	Semantik (veraltet)	Daher … / Deshalb … / Weil …

Vermeiden	Kategorie (Unterkategorie)	Verwenden
ansonsten Ansonsten sind wir mit dem Ergebnis zufrieden.	Füllwort	Wir sind mit dem Ergebnis zufrieden.
antönen Meine Kollegin hat etwas angetönt.	Semantik (Helvetismus)	Meine Kollegin hat etwas angedeutet.
approximativ Die Sitzung dauert approximativ zwei Stunden.	Stil (Papierdeutsch)	Die Sitzung dauert ungefähr/circa zwei Stunden.
Ärger Die Entscheidung könnte Ärger verursachen.	Semantik (Reizwort)	Die Entscheidung könnte Unmut/Unzufriedenheit/Missstimmung verursachen.
ärgerlich Das ist für uns eine ärgerliche Situation.	Semantik (Reizwort)	Das ist für uns eine herausfordernde Situation.
auf das ... Auf das können wir gut verzichten.	Stil (ugs./Parlando)	Darauf können wir gut verzichten.
auf was ...? Auf was bezieht sich Ihre Frage?	Stil (ugs./Parlando)	Worauf bezieht sich Ihre Frage?
aufgestellt Das ist eine aufgestellte Person.	Semantik (Helvetismus)	Das ist eine fröhliche/gut gelaunte/positiv eingestellte Person.
aus was ...? Aus was besteht die Kette?	Stil (ugs./Parlando)	Woraus besteht die Kette?
B		
baldmöglichst Bitte antworten Sie baldmöglichst.	Stil (Papierdeutsch)	Bitte antworten Sie so bald wie möglich. Bitte antworten Sie bis (Datum).
Befriedigung Wir führen den Auftrag zu Ihrer vollen Befriedigung aus.	Semantik (Reizwort)	Wir führen den Auftrag zu Ihrer vollen Zufriedenheit aus.
bei was ...? Bei was sind Fragen aufgetaucht?	Stil (ugs./Parlando)	Wo sind Fragen aufgetaucht? Bei welchen Themen sind ...
beiliegend Beiliegend sende ich Ihnen die Rechnungskopie.	Grammatik	Das Partizip *beiliegend* bezieht sich auf das Subjekt (*ich*). Der Absender liegt also bei. Besser: Die Rechnungskopie liegt bei.
bekämpfen Wir werden die geplanten Änderungen bekämpfen.	Semantik (Reizwort)	Wir werden zu den geplanten Änderungen Gegenvorschläge einreichen.
belasten (auf) Der Betrag wird auf Ihrem Konto belastet.	Grammatik	Der Betrag wird Ihrem Konto belastet. (Aber: Der Betrag wird auf Ihr Konto überwiesen.)
bemühen, sich bemühen um ... Wir bemühen uns um jeden Gast persönlich.	Semantik (Reizwort)	Wir kümmern uns um jeden Gast persönlich.
Bemühungen Besten Dank für Ihre Bemühungen.	Semantik (Reizwort)	Besten Dank für Ihren Einsatz/Ihre Arbeit.
bereits schon einmal ... Das haben wir Ihnen bereits schon einmal mitgeteilt.	Füllwort	Das haben wir Ihnen bereits mitgeteilt.
beschränken (sich) Wir beschränken uns auf ein kleines Sortiment.	Semantik (Reizwort)	Wir führen ein kleines Sortiment. Wir konzentrieren uns auf ein kleines Sortiment.

Vermeiden	Kategorie (Unterkategorie)	Verwenden
Beschrieb Das ist der neue Stellenbeschrieb.	Semantik (Helvetismus)	Beschreibung Das ist die neue Stellenbeschreibung.
Betrag über … Bitte überweisen Sie den Betrag über 550 Franken auf unser Konto.	Grammatik	Bitte überweisen Sie den Betrag von 550 Franken auf unser Konto. (Aber: eine Rechnung über …)
Betreff: Bewerbung (als Brieftitel)	Semantik (veraltet)	Bewerbung (Brieftitel ohne *Betreff:* oder *Betrifft …*)
betreffend Betreffend die Rechnung vom …	Semantik (Papierdeutsch)	Die Rechnung vom …
bewerben (sich) für Ich bewerbe mich für die Stelle einer kaufmännischen Angestellten.	Grammatik	Ich bewerbe mich um die Stelle einer kaufmännischen Angestellten. Aber: Ich interessiere mich für die Stelle …
Bewerbung für … Bewerbung für die Stelle	Grammatik	Bewerbung um die Stelle (auch: auf die Stelle)
Bezug nehmend Bezug nehmend auf Ihr Gesuch vom …	Stil (Papierdeutsch)	In Ihrem Gesuch vom …
bezüglich Bezüglich Ihres Angebots vom …	Stil (Papierdeutsch)	Ihr Angebot vom …
billig Das ist ein sehr billiges Modell.	Semantik (Reizwort)	Das ist ein sehr preiswertes/günstiges Modell.
billige Preise Dieses Geschäft hat billige Preise.	Semantik (falsch)	Dieses Geschäft hat tiefe Preise. (Die Produkte sind billig.)
bis am Das Angebot gilt bis am 30. April.	Stil (ugs.)	Das Angebot gilt bis zum 30. April. Das Angebot gilt bis 30. April.
bis anhin Diese Preise galten bis anhin.	Semantik (Helvetismus)	Diese Regeln galten bisher. Diese Preise galten bis heute.
bloss Wir führen bloss noch dieses Modell.	Stil (ugs.)	Wir führen nur noch dieses Modell.
C		
c/o (care of) Firma XY, c/o Herr Ernst Meierhans	Semantik (veraltet)	Firma XY Herr Ernst Meierhans
Car Die Reise nach Köln findet mit dem Car statt.	Semantik (Helvetismus)	Die Reise nach Köln findet mit dem Bus statt.
cool Das war eine coole Abschiedsfeier.	Stil (salopp/ Parlando)	Das war eine fröhliche Abschiedsfeier.
D		
dankend erhalten Wir haben Ihre Anfrage dankend erhalten.	Floskel	Besten Dank für Ihre Anfrage.
dann Er wird mit Ihnen dann nächste Woche Kontakt aufnehmen.	Füllwort	Er wird mit Ihnen nächste Woche Kontakt aufnehmen.
Deal Das ist ein sehr guter Deal.	Stil (salopp/ Parlando)	Das ist ein sehr gutes Geschäft.

Vermeiden	Kategorie (Unterkategorie)	Verwenden
denken Wir denken, dass das ein gutes Angebot ist.	Stil (ugs.)	Das ist ein gutes Angebot. Wir halten das für ein gutes Angebot.
derselbige, dieselbige, dasselbige Wir haben Ihnen dieselbige Rechnung bereits zugestellt.	Semantik (veraltet)	Wir haben Ihnen die Rechnung vom (Datum) bereits zugestellt.
dienen, gedient zu haben Wir hoffen, Ihnen mit unserer Antwort gedient zu haben.	Floskel	Wir hoffen, dass Ihnen unsere Antwort weiterhilft.
Dies und Ähnliches Dies und Ähnliches erhalten Sie ...	Floskel	Sie erhalten ... (Konkretes nennen)
diesbezüglich Diesbezüglich informieren wir Sie in einer Woche.	Floskel	Wir informieren Sie über (Konkretes nennen) in einer Woche.
durch was ...? Durch was ist der Brand entstanden?	Stil (ugs.)	Wodurch ist der Brand entstanden?
dürfen Dürfen wir Sie bitten, uns bald zu antworten?	Semantik (veraltet)	Bitte antworten Sie uns bald. Wir bitten Sie, uns bald zu antworten.
dürfen Sie dürfen diesen Termin nicht vergessen.	Semantik (Reizwort)	Bitte halten Sie diesen Termin ein.
E		
echt Sie hat das echt gut gemacht.	Stil (salopp/ Parlando)	Sie hat das (sehr) gut gemacht.
echtes Das ist ein echter Gewinn für unsere Branche.	Stil (salopp/ Parlando)	Das ist ein (grosser) Gewinn für unsere Branche.
eh Wir hätten an diesem Tag eh keinen freien Termin mehr gehabt.	Semantik (ugs./Parlando)	Wir hätten an diesem Tag ohnehin keinen freien Termin mehr gehabt.
eher Das ist ein eher altmodisches Modell.	Füllwort	Das ist ein altmodisches Modell.
eigentlich Eigentlich ist das eine interessante Idee.	Füllwort	Das ist eine interessante Idee.
einigermassen Unser Geschäft läuft einigermassen gut.	Füllwort	Unser Geschäft läuft gut.
Einzelindividuum Bei uns steht das Einzelindividuum im Zentrum.	Semantik (Pleonasmus)	Bei uns steht die einzelne Kundin / der einzelne Kunde im Zentrum. Oder: Bei und steht das Individuum im Zentrum.
Entscheid	Semantik (Helvetismus)	Entscheidung
erhöhen (Preise) Auf die nächste Saison müssen wir die Preise erhöhen.	Semantik (Reizwort)	Auf die nächste Saison müssen wir die Preise anpassen/nach oben anpassen.

Alex Bieli, Carmen Geiser: Korrespondenz aktuell. © hep verlag, Bern 2018.

Vermeiden	Kategorie (Unterkategorie)	Verwenden
erlauben Wir erlauben uns, die Arbeit wie folgt in Rechnung zu stellen:	Floskel	Wir stellen unsere Arbeit wie folgt in Rechnung:
erledigen Unsere Treuhänderin erledigt das für Sie.	Semantik (Reizwort)	Unsere Treuhänderin ... (konkrete Arbeit nennen).
Erledigung Wir sichern Ihnen eine termingerechte Erledigung des Auftrags zu.	Semantik (Reizwort)	Wir sichern Ihnen eine termingerechte Ausführung des Auftrags zu.
etwas Das war eine etwas übereilte Reaktion.	Füllwort	Das war eine übereilte Reaktion.
etwas, das Sie sagte etwas, das uns alle überraschte.	Grammatik	Sie sagte etwas, was uns alle überraschte. (Aber: Sie verwendete ein Wort, das uns überraschte.)
Eure (anstelle von Ihre) Eure Mitarbeiterin hat uns geschrieben ...	Grammatik	Ihre Mitarbeiterin hat uns geschrieben ... (Eure/eure kann nur verwendet werden, wenn man sich duzt.)
eventuelle Möglichkeit Das ist eine von verschiedenen eventuellen Möglichkeiten.	Semantik (Pleonasmus)	Das ist eine von verschiedenen Möglichkeiten.
evident Diese Erklärung ist für uns evident.	Stil (bildungsspr.)	Diese Erklärung ist für uns einleuchtend/glaubhaft/überzeugend/stichhaltig.
extrem Sie hat sich extrem gut auf das Gespräch vorbereitet.	Stil (ugs./Parlando)	Sie hat sich sehr gut/sehr gewissenhaft/sehr seriös etc. auf das Gespräch vorbereitet.
F		
faktisch Das bedeutet faktisch das Ende der Firma.	Füllwort	Das bedeutet das Ende der Firma.
falsche Tatsachen Wir gingen von falschen Tatsachen aus.	Semantik	Wir gingen von falschen Informationen/Zahlen aus. (Tatsachen können nicht falsch oder richtig sein.)
fast Wir haben das Ziel fast erreicht.	Stil (ugs./Parlando)	Wir haben das Ziel beinahe/nahezu erreicht.
Fehler/fehlerhaft Sie haben Fehler gemacht. Ihre Angaben sind fehlerhaft.	Semantik (Reizwort)	Sie haben einige Angaben vergessen. Ihre Angaben sind zum Teil nicht korrekt.
finden Wir finden Ihren Vorschlag gut.	Stil (ugs./Parlando)	Ihr Vorschlag ist gut. Ihr Vorschlag überzeugt uns.
fokussieren Wir fokussieren unsere Werbung ganz auf die Senioren.	Stil (bildungsspr.)	Wir richten unsere Werbung ganz auf die Senioren aus.
freundlicherweise Sie haben uns freundlicherweise mitgeteilt, dass ...	Semantik (veraltet)	Sie haben uns mitgeteilt, dass ...
für was Für was brauchen Sie die Rechnungskopien?	Stil (ugs./Parlando)	Wofür brauchen Sie die Rechnungskopien?

Vermeiden	Kategorie (Unterkategorie)	Verwenden
G		
gar Er hat bis heute gar nicht reagiert.	Füllwort	Er hat bis heute nicht reagiert.
Garage Der Lieferwagen ist zurzeit in der Garage.	Semantik (Helvetismus)	Der Lieferwagen ist zurzeit in der Werkstatt.
gegebenenfalls (ggf.) Gegebenenfalls kommen wir auf Ihre Offerte zurück.	Stil (Papierdeutsch)	Vielleicht kommen wir auf Ihre Offerte zurück. Falls nötig, kommen wir auf Ihre Offerte zurück.
geil Die Lernenden durften einen geilen Einführungstag erleben.	Stil (salopp/Parlando)	Die Lernenden durften einen spannenden/abwechslungsreichen/interessanten Einführungstag erleben.
genial Sie hatte eine geniale Idee.	Stil (ugs./Parlando)	Sie hatte eine ausgezeichnete/hervorragende/exzellente Idee.
geradezu Das ist ein geradezu idealer Standort.	Füllwort	Das ist ein idealer Standort.
glauben Wir glauben fest daran, dass sich das Produkt gut verkaufen lässt.	Semantik	Wir sind sicher, dass sich das Produkt gut verkaufen lässt. (*Glauben* drückt Unsicherheit aus.)
gemäss Gemäss Schweizer Recht ist die Firma in Basel steuerpflichtig.	Semantik (veraltet)	Nach Schweizer Recht ist die Firma in Basel steuerpflichtig.
Grossist	Semantik (Helvetismus)	Grosshändler
grundsätzlich Wir sind grundsätzlich für die erste Variante.	Floskel	Wir sind für die erste Variante.
Grundprinzip Bei uns gilt folgendes Grundprinzip: ...	Semantik (Pleonasmus)	Bei uns gilt folgendes Prinzip/folgender Grundsatz: ...
Gutschein von Sie erhalten einen Gutschein von CHF 20.–.	Grammatik	Sie erhalten einen Gutschein über CHF 20.00. (Die korrekte Präposition ist *über*. Jedoch: ein Gutschein im Wert von CHF 20.–.)
H		
halt Dann rufen wir ihn halt morgen an.	Füllwort	Wir rufen ihn morgen an.
heikel Das ist eine heikle Kundin.	Semantik (Reizwort)	Das ist eine herausfordernde Kundin.
Herrn Herrn Reto Müller (in der Adresse)	Semantik (veraltet)	Herr Reto Müller (Früher schrieb man: An Herrn ...)
Herzlich Willkommen!	Grammatik	Herzlich willkommen! (Das Wort *willkommen* ist ein Adjektiv und wird klein geschrieben. Aber: Allen ein herzliches Willkommen!)
heutzutage Heutzutage ist vieles hektischer.	Semantik (veraltet)	In der heutigen Zeit ist vieles hektischer.
hiermit Hiermit senden wir Ihnen ...	Füllwort	Wir senden Ihnen ...
Hochachtungsvoll Ihr ...	Semantik (veraltet)	Freundliche Grüsse Beste Grüsse

Vermeiden	Kategorie (Unterkategorie)	Verwenden
höflichst Wie bitten Sie höflichst ...	Semantik (veraltet)	Wie bitten Sie (höflich) ...
Hunderte Viele Hunderte motivierter Kinder haben an unserem Wettbewerb teilgenommen.	Semantik (veraltet)	Viele Hunderte von motivierten Kindern haben an unserem Wettbewerb teilgenommen.
I		
Ihr (anstelle von Sie) Ihr habt uns mitgeteilt, dass ...	Grammatik	Sie haben uns mitgeteilt, dass ... (*Ihr* kann nur verwendet werden, wenn man sich duzt.)
im Grunde genommen Im Grunde genommen sind wir mit dem Ergebnis zufrieden.	Floskel	Wir sind mit dem Ergebnis zufrieden.
im Prinzip Im Prinzip kann ich diesem Vorschlag zustimmen.	Floskel	Diesem Vorschlag kann ich zustimmen.
im Verlauf Im Verlauf der nächsten Woche ...	Stil (Papierdeutsch)	In der nächsten Woche ... Während der nächsten Wochen ...
im Voraus Wir danken Ihnen im Voraus für die Bestellung.	Floskel	Wir danken Ihnen für die Bestellung.
in Bezug auf In Bezug auf Ihre Rechnung vom ...	Stil (Papierdeutsch)	Ihre Rechnung vom ...
in der Anlage In der Anlage erhalten Sie die Kopien.	Stil (Papierdeutsch)	Sie erhalten die Kopien.
in der Hoffnung, dass ... In der Hoffnung, dass Ihnen die Muster gefallen ...	Stil (Papierdeutsch)	Wir hoffen, dass Ihnen die Muster gefallen.
in Erwartung In Erwartung Ihrer Antwort bis Ende Woche verbleiben wir mit freundlichen Grüssen	Stil (Papierdeutsch)	Wir erwarten Ihrer Antwort bis Ende Woche. Freundliche Grüsse
innert zu bezahlen innert 30 Tagen	Semantik (Helvetismus)	zu bezahlen innerhalb von 30 Tagen
insbesonders Die Botschaft richtet sich insbesonders an Jugendliche.	Grammatik	Die Botschaft richtet sich besonders/insbesondere an Jugendliche.
irgendwie Sicher werden wir irgendwie eine passende Lösung finden.	Füllwort	Sicher werden wir eine passende Lösung finden.
J		
jeder Mitarbeiter/-in Es wird erwartet, dass sich jeder Mitarbeiter/-in an das neue Reglement hält.	Grammatik	Es wird erwartet, dass sich jeder Mitarbeiter und jede Mitarbeiterin an das neue Reglement hält.
jederzeit (... zur Verfügung stehen) Bei Fragen stehen wir Ihnen jederzeit zur Verfügung.	Floskel	Bei Fragen stehen wir Ihnen gerne zur Verfügung. (Jederzeit heisst immer, also 24 Stunden; was kaum möglich ist.)
Job Der neue Job gefällt mir gut.	Stil (ugs./Parlando)	Die neue Arbeit gefällt mir gut. Die neue Aufgabe gefällt mir gut.

Vermeiden	Kategorie (Unterkategorie)	Verwenden
Jubiläum, XX-jähriges Nächstes Jahr feiert unsere Firma das 20-jährige Jubiläum.	Semantik	Nächste Jahr feiert unsere Firma das 20-jährige Bestehen. (Nicht das Jubiläum ist 20-jährig, sondern die Firma.)
K		
klar Klar unterstützen wir diese Idee.	Stil (ugs./Parlando)	Wir unterstützen diese Idee.
konkretes Beispiel Dieses konkrete Beispiel zeigt, dass ...	Semantik (Pleonasmus)	Dieses Beispiel zeigt, dass ... (Beispiele sind immer konkret)
Koffern Schon bald müssen wir die Koffern packen.	Grammatik	Schon bald müssen wir die Koffer packen. (der Koffer, die Koffer)
krass Das ist eine krasse Entscheidung.	Stil (ugs./Parlando)	Das ist eine harte/sehr harte Entscheidung.
kriegen Sie kriegen die Unterlagen nächste Woche.	Stil (ugs./Parlando)	Sie bekommen/erhalten die Unterlagen nächste Woche.
kritisieren, etwas kritisieren Sie haben die Qualität unserer Arbeit kritisiert.	Semantik (Reizwort)	Sie haben die Qualität unserer Arbeit beanstandet/bemängelt.
Kundschaft	Semantik (veraltet)	Kundinnen und Kunden
L		
Liebe Alle (Als Anrede)	Grammatik	Liebe Kolleginnen und Kollegen (Das Pronomen *alle* kann nicht als Nomen verwendet werden.)
Lieber Gruss (Als Grussform am Ende des Schreibens)	Grammatik	Lieben Gruss (Ellipse aus: *Ich sende dir einen lieben Gruss.* Der Fall – hier Akkusativ – bleibt.)
Limite Die Limite liegt bei 500 Euro.	Semantik (Helvetismus)	Die Obergrenze liegt bei 500 Euro.
logo Das ist für unsere Abteilung logo.	Stil (salopp/ Parlando)	Das ist für unsere Abteilung klar.
M		
machen (Vorschlag/Anfrage) Wir machen Ihnen folgenden Vorschlag: ...	Stil (ugs.)	Wir unterbreiten Ihnen folgenden Vorschlag: ...
mahnen Wir müssen Sie mahnen, da die Rechnung noch nicht bezahlt ist.	Semantik (Reizwort)	Wir erinnern Sie daran, dass die Rechnung vom ... noch nicht bezahlt ist.
mal Wir sollten mal darüber reden.	Füllwort	Wir sollten darüber reden.
meine eigene Meinung Das ist meine eigene Meinung zu diesem Thema.	Pleonasmus	Das ist meine Meinung zu diesem Thema.
Metern, bis auf Es schneite bis auf 500 Metern.	Grammatik	Es schneite bis auf 500 Meter (Aber: Ein Schiff von 300 Metern Länge.)

Alex Bieli, Carmen Geiser: Korrespondenz aktuell. © hep verlag, Bern 2018.

Vermeiden	Kategorie (Unterkategorie)	Verwenden
minim Die Abweichungen vom Budget sind minim.	Semantik (Helvetismus)	Die Abweichungen vom Budget sind minimal/geringfügig/sehr klein.
mit Bezug auf Mit Bezug auf Ihre Rechnung vom …	Stil (Papierdeutsch)	Ihre Rechnung vom …
mit dem … Mit dem haben wir nicht gerechnet.	Stil (ugs./Parlando)	Damit haben wir nicht gerechnet.
Mit freundlichen Grüssen Grussformel	Semantik (veraltet)	Freundlich Grüsse (Die Präposition *mit* ist ein Überbleibsel aus der Formulierung … *und verbleiben mit freundlichen Grüssen*.)
mit was …? Mit was können wir Ihnen helfen?	Stil (ugs./Parlando)	Womit können wir Ihnen helfen?
Mitarbeiter/-innen (den) Wir danken allen Mitarbeiter/-innen.	Grammatik	Wir danken allen Mitarbeitern (wem?) und Mitarbeiterinnen. (Fallfehler → Dativ) Oder: Wir danken allen Mitarbeitenden.
MitarbeiterInnen Wir danken allen MitarbeiterInnen.	Grammatik	Siehe oben. Zudem: Die Schreibweise mit dem Binnen-I entspricht nicht den Rechtschreiberegeln. Die Doppelnennung wirkt oftmals umständlich, ist aber immer besser.
mitteilen, möchten mitteilen Wir teilen Ihnen mit, dass … Wir möchten Ihnen mitteilen, dass …	Floskel	Direkt schreiben, worum es geht
möchten Wir möchten Ihnen dafür herzlich danken.	Floskel	Wir danken Ihnen dafür herzlich. (Mit der Konjunktivform *möchte* drückt man nur die Absicht aus, etwas zu tun.)
monieren Der Gast hat das Essen moniert.	Stil (bildungsspr.)	Der Gast hat das Essen beanstandet/bemängelt/kritisiert.
Mühe geben Wir geben uns die grösste Mühe, den Termin einzuhalten.	Semantik (Reizwort)	Wir setzen alles daran, den Termin einzuhalten.
Mühe haben Wir haben Mühe mit Ihrem Verhalten.	Semantik (Reizwort)	Ihr Verhalten wirft Fragen auf. Ihr Verhalten irritiert uns.
mühsam Gelegentlich ist der Umgang mit den Patienten mühsam.	Semantik (Reizwort)	Gelegentlich ist der Umgang mit den Patienten schwierig/herausfordernd.
müssen Sie müssen uns Ihre Adresse melden.	Semantik (Reizwort)	Bitte melden Sie uns Ihre Adresse. (Das Modalverb *müssen* wirkt drängend, befehlend.)
Mutationen	Semantik (Helvetismus)	Änderungen
N		
Nächstgelegenste Die nächstgelegenste Ortschaft ist Mollis.	Grammatik	Die nächstgelegene / am nächsten gelegene Ortschaft ist Mollis. (falsche Steigerungsform)

Vermeiden	Kategorie (Unterkategorie)	Verwenden
nämlich Wir haben davon nämlich nichts gewusst.	Füllwort	Wir haben davon nichts gewusst.
natürlich Wir sind natürlich für dieses Projekt.	Füllwort (Parlando)	Wir sind für dieses Projekt.
nebst Nebst dem Preis sollte auch die Qualität stimmen.	Semantik (veraltet)	Neben dem Preis sollte auch die Qualität stimmen.
netterweise Sie teilten uns netterweise mit, dass ...	Floskel	Sie teilten uns mit, dass ...
neu renoviert Die Wohnung wurde soeben neu renoviert.	Semantik (Pleonasmus)	Die Wohnung wurde soeben renoviert.
nicht ohne sein Dieser Faktor ist nicht ohne.	Stil (ugs./Parlando)	Dieser Faktor ist nicht zu unterschätzen. Dieser Faktor ist bedeutsam.
nicht schlecht Das neue Modell ist nicht schlecht.	Semantik	Das neue Modell ist gut.
nicht ... nicht (doppelte Verneinung) Es wäre nicht richtig, diesen Brief nicht zu beantworten.	Semantik	Es wäre falsch, diesen Brief nicht zu beantworten. Noch besser: Wir sollten diesen Brief beantworten.
nichtsdestotrotz Wir sind nichtsdestotrotz für die Preissenkung.	Stil (ugs./Parlando)	Wir sind (trotzdem) für die Preissenkung.
noch einmal wiederholen Sie müssen die Prüfung noch einmal wiederholen.	Semantik (Pleonasmus)	Sie müssen die Prüfung wiederholen.
O		
oben erwähnt Das oben erwähnte Modell ist leider nicht mehr lieferbar.	Semantik (veraltet)	Das Modell «4-you» ist leider nicht mehr lieferbar.
obsolet Wir halten ein zweites Gespräch für obsolet.	Stil (bildungsspr.)	Wir halten ein zweites Gespräch für unnötig / überflüssig.
Occasion-Auto	Semantik (Helvetismus)	Gebrauchtwagen
okay Okay. Wir können uns Ihrer Meinung anschliessen.	Stil (salopp/ Parlando)	Wir können uns Ihrer Meinung anschliessen.
optimalste Das ist für Sie die optimalste Lösung.	Grammatik	Das ist für Sie die optimale Lösung. (Das Adjektiv *optimal* kann nicht gesteigert werden)
öfters Darüber wurde in den Medien schon öfters diskutiert.	Stil (ugs.)	Darüber wurde in den Medien öfter/mehrmals diskutiert.
P		
parat sein Die Ware ist in zehn Tagen zum Abholen parat.	Semantik (Helvetismus)	Die Ware ist in zehn Tagen zum Abholen bereit.

Alex Bieli, Carmen Geiser: Korrespondenz aktuell. © hep verlag, Bern 2018.

Vermeiden	Kategorie (Unterkategorie)	Verwenden
persönlich Ich persönlich war für den Verkauf.	Semantik (Pleonasmus)	Ich war für den Verkauf.
Power Die Geschäftsleitung erwartet mehr Power.	Stil (salopp/Parlando)	Die Geschäftsleitung erwartet mehr Einsatz.
präferieren Unser Team präferiert Variante B.	Stil (bildungsspr.)	Unser Team bevorzugt Variante B. Unser Team ist für Variante B.
praktisch Praktisch alle waren dagegen. Wir sind nun praktisch fertig.	Stil (ugs./Parlando)	Beinahe alle waren dagegen. Wir sind nun beinahe fertig.
Preiserhöhung Auf die nächste Saison kommt es zu Preiserhöhungen.	Semantik (Reizwort)	Auf die nächste Saison kommt es zu Preisanpassungen.
prima Das Datum passt uns prima.	Stil (ugs./Parlando)	Das Datum passt uns bestens.
Problem Es gibt Probleme mit der Lieferzeit.	Semantik (Reizwort)	Die Auslieferung wird sich verzögern.
problematisch Das ist ein problematisches Geschäft.	Semantik (Reizwort)	Das ist ein herausforderndes Geschäft.
prompt Wir garantieren Ihnen eine prompte Zustellung.	Stil (ugs./Parlando)	Wir garantieren Ihnen eine rasche/termingerechte Zustellung.
pushen Wir müssen das neue Produkt mit mehr Werbung pushen.	Stil (salopp/Parlando)	Wir müssen das neue Produkt mit mehr Werbung bekannter machen.
Q		
quantitativ/qualitativ Unsere Umsatzziele werden laufend qualitativ gemessen.	Semantik	Unsere Umsatzziele werden laufend quantitativ gemessen. (Das Adjektiv *quantitativ* bezieht sich auf Messbares wie Geld, Stückzahl, Personen u. a.)
quasi Wir haben quasi das Ziel erreicht.	Füllwort	Wir haben das Ziel erreicht.
querstellen Er muss sich ständig querstellen.	Stil (ugs./Parlando)	Er muss sich ständig widersetzen.
R		
raschmöglichst Bitte antworten Sie raschmöglichst.	Semantik (Helvetismus)	Bitte antworten Sie so rasch wie möglich. Bitte antworten Sie bis (Datum).
recht Dafür danken wir Ihnen recht herzlich.	Füllwort	Dafür danken wir Ihnen herzlich.
recht In dieser Situation hat sie absolut recht gehandelt.	Semantik	In dieser Situation hat sie absolut richtig (= korrekt) gehandelt.
rein netto Zahlbar rein netto innerhalb von 30 Tagen.	Semantik (Pleonasmus)	Zahlbar netto innerhalb von 30 Tagen.
relativ Das ist ein relativ gutes Angebot.	Füllwort	Das ist ein gutes Angebot.
riesig Der Verkauf läuft zurzeit riesig gut.	Stil (ugs./Parlando)	Der Verkauf läuft zurzeit sehr/ausserordentlich gut.

Vermeiden	Kategorie (Unterkategorie)	Verwenden
Rückantwort Besten Dank für Ihre Rückantwort.	Semantik (Pleonasmus)	Besten Dank für Ihre Antwort.
rundum Wir sind mit der Offerte rundum zufrieden.	Füllwort	Wir sind mit der Offerte zufrieden.
S		
Sache Das ist eine gute Sache.	Stil (ugs.)	Das ist eine gute Idee. Das ist ein guter Vorschlag.
schlussendlich Sie haben schlussendlich zugestimmt.	Pleonasmus	Sie haben schliesslich zugestimmt. (Oder: Sie haben endlich zugestimmt.)
schnellstmöglichst Bestellen Sie schnellstmöglichst!	Grammatik	Bestellen Sie so schnell wie möglich. Oder: Bestellen Sie schnellstmöglich (doppelte Steigerung).
schwer Das ist eine schwere Arbeit	Semantik (Reizwort)	Das ist eine anspruchsvolle Arbeit.
schwierig Das ist eine schwierige Frage.	Semantik	Das ist eine interessante Frage. (Aber die Antwort ist möglicherweise schwierig.)
sei Auf diesen Punkt sei nochmals hingewiesen.	Stil (Papierdeutsch)	Wir weisen nochmals auf diesen Punkt hin.
seit (morgen) Seit morgen ist das Geschäft eröffnet.	Grammatik	Ab morgen ist das Geschäft eröffnet. (Die Präposition *seit* bezieht sich auf Vergangenes oder Andauerndes: seit gestern / seit 2010 / seit jeher ...)
selber Er hat den Brief selber verfasst.	Semantik (ugs./Parlando)	Er hat den Brief selbst verfasst.
sich entschuldigen Ich entschuldige mich für die Verspätung.	Semantik	Bitte entschuldigen Sie meine Verspätung. (Ich kann den anderen bitten, meine Schuld zu vergeben. Ich kann mich aber nicht selbst entschuldigen.)
sich sorgen um Wir sorgen uns um die Angelegenheit.	Semantik (Helvetismus)	sich kümmern um Wir kümmern uns um die Angelegenheit.
Sinn (das macht Sinn) Ja, das macht Sinn.	Stil (ugs./Parlando)	Das ist sinnvoll.
sofortig Wir bitten um sofortige Antwort.	Semantik (Reizwort)	Wir bitte um Ihre Antwort bis ... (Datum, evtl. auch Zeit nennen)
sozusagen Das ist nun sozusagen die definitive Fassung des Vertrags.	Füllwort	Das ist nun die definitive Fassung des Vertrags.
statt einem Statt einem Geschenk ...	Grammatik	Statt eines Geschenks ... (Fallfehler → Genitiv)
super Das ist eine super Idee.	Stil (ugs./Parlando)	Das ist eine sehr gute Idee.
T		
Telefon geben Wir werden Ihnen ein Telefon geben.	Semantik (Helvetismus)	Wir werden Sie anrufen.
telefonieren Ich telefoniere dir.	Semantik (Helvetismus)	Ich rufe dich an.

Vermeiden	Kategorie (Unterkategorie)	Verwenden
toll Sie ist eine sehr tolle Mitarbeiterin.	Stil (ugs./Parlando)	Sie ist eine sehr gute/zuverlässige/angenehme Mitarbeiterin
tönen Dieser Vorschlag tönt gut.	Semantik (Helvetismus)	Dieser Vorschlag klingt gut.
top Das ist ein top Angebot!	Stil (ugs./Parlando)	Das ist ein erstklassiges/hervorragendes Angebot!
trotz dem Trotz dem grossen Einsatz ...	Grammatik	Trotz des grossen Einsatzes ... (Fallfehler → Genitiv)
trotzdem Wir hatten viele Besucher am Stand, trotzdem es sehr kalt war.	Grammatik	Wir hatten viele Besucher am Stand, obwohl es sehr kalt war.
U		
über was ...? Über was wurde an der Sitzung abgestimmt?	Stil (ugs./Parlando)	Worüber wurde an der Sitzung abgestimmt?
überhaupt Wir wurden darüber überhaupt nicht informiert.	Füllwort	Wir wurden darüber nicht informiert.
überweisen Wir haben den Betrag Ihrem Konto überwiesen.	Grammatik	Wir haben den Betrag auf Ihr Konto überwiesen. Oder: Wir haben den Betrag Ihrem Konto gutgeschrieben.
überwiegende Mehrheit Eine überwiegende Mehrheit hat dem Antrag zugestimmt.	Pleonasmus	Eine Mehrheit hat dem Antrag zugestimmt.
übrigens Sie haben übrigens von uns einen Gutschein erhalten.	Füllwort	Sie haben von uns einen Gutschein erhalten.
umgehend Wie bitten um umgehende Antwort.	Semantik (Reizwort)	Bitte antworten Sie bis spätestens ... (Datum, evtl. auch Zeit nennen)
unnötige Fehler Vermeiden Sie unnötige Fehler.	Pleonasmus	Vermeiden Sie grobe/gravierende ... Fehler. (Fehler sind immer unnötig.)
unsere Frau .../unser Herr ... Wenden Sie sich bitte an unsere Frau Bucher.	Semantik (veraltet)	Wenden Sie sich bitte an Frau Bucher.
unter Umständen Unter Umständen kommen wir auf das Angebot zurück.	Floskel	Wir kommen auf das Angebot zurück.
Unternehmung	Semantik (Helvetismus)	Unternehmen
Unterbruch Leider kam es zu einem längeren Unterbruch.	Semantik (Helvetismus)	Leider kam es zu einer längeren Unterbrechung.
Unterzeichnete Bitte senden Sie die Dokumente dem Unterzeichneten zurück.	Semantik	Bitte senden Sie die Dokumente an Herrn XY/an Frau XY zurück. (Wörtlich genommen handelt es sich um eine unterzeichnete Person, was sicherlich nicht gemeint ist.)

Vermeiden	Kategorie (Unterkategorie)	Verwenden
V		
verbessern Sie werden in diesem Kurs Ihre Sprachkenntnisse verbessern.	Semantik (Reizwort)	Sie werden in diesem Kurs Ihre Sprachkenntnisse vertiefen.
verbleiben ... Wir verbleiben mit freundlichen Grüssen.	Semantik (veraltet)	Freundliche Grüsse
verdanken Die Präsidentin verdankte seinen langjährigen Einsatz als Aktuar.	Semantik (Helvetismus)	Die Präsidentin dankte ihm für seinen langjährigen Einsatz als Aktuar.
Verlust (Geld) Wir müssen einen Verlust vermelden.	Semantik (Reizwort)	Wir müssen einen Gewinnrückgang vermelden.
Viele Grüsse	Stil (ugs.)	Freundliche Grüsse / Beste Grüsse Die Qualität (*freundliche, beste*), nicht die Quantität (*ein, viele*) zählt.
Vielen Dank	Stil (ugs.)	Besten Dank. / Herzlichen Dank. Die Qualität (*besten, herzlichen*), nicht die Quantität (*ein, viele*) zählt.
virulent Dieses Thema ist für unsere Firma virulent.	Stil (bildungsspr.)	Dieses Thema ist für unsere Firma wichtig/dringend.
voll Sie liegen mit Ihrer Vermutung voll richtig.	Füllwort	Sie liegen mit Ihrer Vermutung richtig.
voll und ganz Wir können Ihren Vorschlag voll und ganz akzeptieren.	Füllwort	Wir können Ihren Vorschlag akzeptieren.
vollstes Wir haben vollstes Vertrauen in die Projektleitung.	Grammatik	Wir haben volles Vertrauen in das Projektteam. (Das Adjektiv *voll* kann nicht gesteigert werden.)
von dem her Von dem her müssen wir die Reise absagen.	Stil (ugs./Parlando)	Aus diesem Grund/Daher/Deshalb müssen wir die Reise absagen.
von was ...? Von was hängt Ihre Entscheidung ab?	Stil (ugs./Parlando)	Wovon hängt Ihre Entscheidung ab?
vor was ...? Vor was haben Sie am meisten Respekt?	Stil (ugs.)	Wovor haben Sie am meisten Respekt?
vorderhand Die Geschäftsleitung sieht vorderhand keinen Handlungsbedarf.	Semantik (Helvetismus)	Die Geschäftsleitung sieht vorläufig keinen Handlungsbedarf.
vorzügliche Hochachtung Mit vorzüglicher Hochachtung	Semantik (veraltet)	Freundliche Grüsse
W		
wahnsinnig Wir haben wahnsinnig viele Anfragen erhalten.	Stil (ugs./Parlando)	Wir haben sehr viele Anfragen erhalten.
während dem Während dem Gespräch ... Während den Ferien ...	Grammatik	Während des Gesprächs ... / Während der Ferien ... (Fallfehler → Genitiv)

Vermeiden	Kategorie (Unterkategorie)	Verwenden
wegen einem Wegen einem Unfall …	Grammatik	Wegen eines Unfalls … (Fallfehler → Genitiv)
wie Wir brauchen mehr Zeit wie geplant.	Grammatik	Wir brauchen mehr Zeit als geplant.
wieder erneut Er hat wieder erneut gefehlt.	Semantik (Pleonasmus)	Er hat wieder gefehlt. Er hat erneut gefehlt.
wirklich Das ist wirklich ein grosser Erfolg!	Füllwort	Das ist ein grosser Erfolg!
wohlwollend Ich bitte Sie um eine wohlwollende Prüfung meiner Bewerbung.	Semantik (veraltet)	Ich danke Ihnen für die Prüfung meiner Bewerbung.
Z		
zentralste Wohnung zu vermieten an zentralster Lage.	Grammatik	Wohnung zu vermieten an zentraler Lage. (Das Adjektiv *zentral* ist nicht steigerbar.)
ziemlich Wir haben eine ziemlich gute Lösung gefunden.	Füllwort	Wir haben eine (sehr) gute Lösung gefunden.
ziemliche Es herrscht eine ziemliche Unsicherheit.	Grammatik	Es herrscht eine grosse/starke Unsicherheit. (Das Adverb *ziemlich* kann nicht als Adjektiv verwendet werden.)
Zins (für Miete) Der Zins für diese Wohnung beträgt 1800 Franken.	Semantik (Helvetismus)	Die Miete für diese Wohnung beträgt 1800 Franken.
zu was …? Zu was dient das neue Konzept?	Stil (ugs./Parlando)	Wozu dient das neue Konzept?
zügeln Wir werden Ende Oktober zügeln.	Semantik (Helvetismus)	Wir werden Ende Oktober umziehen.
zuhanden / z. H. Hier die Unterlagen zuhanden von Frau Arnold.	Semantik (veraltet)	Hier die Unterlagen für Frau Arnold.
Zukunftsprognosen Die Zukunftsprognosen sehen schlecht aus.	Pleonasmus	Die Zukunft sieht schlecht aus. Oder: Die Prognosen sehen schlecht aus.
zum Voraus (im Voraus) Wir danken Ihnen zum Voraus für die Bestellung.	Floskel	Wir danken Ihnen für die Bestellung.
zurückerinnern (sich) Ich kann mich gut an Sie zurückerinnern.	Semantik (Pleonasmus)	Ich kann mich gut an Sie erinnern.
zurückkommend auf … Zurückkommend auf unser Gespräch teile ich Ihnen unseren Beschluss mit.	Semantik (veraltet)	Nach unserem Gespräch vom … haben wir beschlossen …
zuzüglich Die Wohnung kostet 1500 Franken zuzüglich die Nebenkosten.	Grammatik	Die Wohnung kostet 1500 Franken zuzüglich der Nebenkosten. (Fallfehler → Genitiv)
zwecks Zwecks Anmeldung gehen Sie bitte zu Schalter 4.	Semantik (veraltet)	Für die Anmeldung gehen Sie bitte zu Schalter 4.

Die Vermeide-Liste (V-Liste)

Die Vermeide-Liste (V-Liste) ist ein Auszug aus der VV-Stilliste (Seite 80–94) und enthält Wörter und Ausdrücke, die in der geschäftlichen Korrespondenz zu vermeiden bzw. aus den Texten wegzustreichen sind. Sie werden auch als Unwörter bezeichnet. Die Liste ist nicht abgeschlossen; ergänzen Sie die Liste mit weiteren Wörtern und Ausdrücken.

aktuellste	krass
allseitig	kriegen (im Sinne von bekommen, erhalten)
an sich	nämlich
an und für sich	nichtsdestotrotz
anbei	okay
ansonsten	optimalste
baldmöglichst	prompt
befriedigen	quasi
beiliegend	raschmöglichst
bemühen, Bemühungen	Rückantwort
Bezug nehmend, bezüglich	schlussendlich
billig	schnellstmöglichst
cool	sich entschuldigen
dankend erhalten	sozusagen
dienen, gedient zu haben	unsere Frau … / unser Herr …
diesbezüglich	überhaupt
eigentlich	verbleiben mit freundlichen Grüssen
einigermassen	vollstes (Vertrauen haben …)
erledigen, Erledigung	wohlwollend (prüfen)
extrem	XX-jähriges Jubiläum
freundlicherweise	zentralste
gegebenenfalls (ggf.)	ziemlich (eine ziemlich gute Idee)
grundsätzlich	zum Voraus
hiermit	zurückkommend auf …
höflichst	zwecks
im Voraus	
in der Hoffnung	
in Erwartung	
irgendwie	

Ergänzungen:

Anhang

Arbeitsschritte 98

Disposition Geschäftsbrief 99

Das 4K-Qualitätsinstrument 101

Schwierige Wörter 102

Mängel beim Bewerbunsdossier 103

Checkliste Bewerbung 104

Ermächtigung für Referenzauskünfte 105

Wording und Corporate Writing 106

Meine persönliche Stilliste 107

Quellenverzeichnis 109

Stichwortverzeichnis 110

Arbeitsschritte

Mit einer guten Planung kommt man besser zum Ziel. Beachten Sie beim Verfassen von Briefen, E-Mails, längeren Texten wie Geschäftsberichten und Stellungnahmen folgende zehn Arbeitsschritte.

10 Schritte bis zum Endprodukt

1. Ausgangslage klären
   Was? Wer? An wen? Wie? Wann? Wozu?

2. Thema genau erfassen
   Worum geht es? Was ist der genaue Inhalt? Was die Botschaft?

3. Begriffe klären, Wortschatz festlegen, Schreibstil definieren

4. Disposition erstellen*
   Was kommt in die Einleitung? Was in den Mittelteil? Was in den Schlussteil?

5. Rohfassung schreiben

6. Rohfassung überarbeiten

7. Text gegenlesen lassen

8. Endfassung schreiben

9. Schlusskontrolle, Unterschrift

10. Brief/E-Mail verschicken

* Vorlage für Briefdisposition siehe Seite 99.

Disposition Geschäftsbrief (Kopiervorlage)

Vor allem bei längeren, inhaltlich anspruchsvollen Briefen und Berichten lohnt es sich, eine (handschriftliche) stichwortartige Disposition zu erstellen. Der Text erhält dadurch eine klare Struktur, inhaltlich geht nichts vergessen und beim Schreiben können Sie sich auf Sprache und Stil konzentrieren. Tipp: Lassen Sie die Disposition vor dem Ausformulieren von einer anderen Person prüfen.

Briefkopf	Notizen
Absender korrekt und vollständig evtl. vorgedrucktes Briefpapier	
Empfänger genau, vollständig, korrekte Anrede und Namen, ohne Abkürzungen evtl. mit postalischem Vermerk	
Datum Monat ausschreiben heutiges oder anderes Datum?	

Textkörper	Notizen
Brieftitel passend, prägnant, kurz ohne *Betreff* oder *Betrifft*	
Anrede abgestimmt auf die Adresse, passend zu Inhalt, Ton und Beziehung	
Einleitung Was ist gewesen? (Ausgangslage, Bezug auf Vorgeschichte), Dank, Freude; mit *Sie/Ihr/Ihre* beginnen; 2 bis 4 Zeilen	
Mittelteil Was ist jetzt? Thema, Anliegen, Problem, Situation beschreiben, Meinungen begründen, überzeugend argumentieren, evtl. tabellarische Aufzählungen; 2 bis 4 Abschnitte	
Schluss Erwartungen, Aufforderung, Wünsche, Bitte, Dank, Termine (evtl. fett hervorheben), falls passend ein werbender Schlusssatz; 2 bis 4 Zeilen	
Grussformel passend zu Anrede, Inhalt und Beziehung	

Alex Bieli, Carmen Geiser: Korrespondenz aktuell. © hep verlag, Bern 2018.

Briefabschluss	Notizen
Firmenname evtl. in Grossbuchstaben	
Unterschrift Wer unterzeichnet den Brief?	
Vorname, Name beide Namen ausschreiben	
Beilage Welche Beilagen braucht es?	
Verteiler Wer bekommt eine Kopie?	
Nachtrag Ist ein PS (Postskriptum) nötig?	

Das 4K-Qualitätsinstrument (Kopiervorlage)

Mit diesem 4K-Qualitätsinstrument können Sie Briefe rasch und einfach analysieren und beurteilen. Verbindet man die einzelnen Einstufungen miteinander, erhält man eine Qualitätslinie. So sind die Stärken und Schwächen des Textes visualisiert und die Überarbeitung kann gezielt erfolgen.

Das 4K-Qualitätsinstrument

	10	9	8	7	6	5	4	3	2	1	
klar Inhalt, Botschaft, Darstellung	☐	☐	☐	☐	☐	☐	☐	☐	☐	☐	**unklar** Inhalt, Botschaft, Darstellung
korrekt Inhalt, Sprache, Form	☐	☐	☐	☐	☐	☐	☐	☐	☐	☐	**fehlerhaft** Inhalt, Sprache, Form
kurz keine Floskeln, Füllwörter; kurze Sätze	☐	☐	☐	☐	☐	☐	☐	☐	☐	☐	**zu lang** Floskeln, Füllwörter; lange Sätze
kundenorientiert Bedürfnisse berücksichtigt; Sie-Sätze	☐	☐	☐	☐	☐	☐	☐	☐	☐	☐	**nicht kundenorientiert** Bedürfnisse vernachlässigt; keine Sie-Sätze

Das 4K-Qualitätsinstrument

	10	9	8	7	6	5	4	3	2	1	
klar Inhalt, Botschaft, Darstellung	☐	☐	☐	☐	☐	☐	☐	☐	☐	☐	**unklar** Inhalt, Botschaft, Darstellung
korrekt Inhalt, Sprache, Form	☐	☐	☐	☐	☐	☐	☐	☐	☐	☐	**fehlerhaft** Inhalt, Sprache, Form
kurz keine Floskeln, Füllwörter; kurze Sätze	☐	☐	☐	☐	☐	☐	☐	☐	☐	☐	**zu lang** Floskeln, Füllwörter; lange Sätze
kundenorientiert Bedürfnisse berücksichtigt; Sie-Sätze	☐	☐	☐	☐	☐	☐	☐	☐	☐	☐	**nicht kundenorientiert** Bedürfnisse vernachlässigt; keine Sie-Sätze

Schwierige Wörter

Worum gehts?

Dies ist eine Liste mit schwierigen Wörtern. Sie werden oft falsch geschrieben. Welches sind Ihre «Problemwörter»?

Falsch	Korrekt	Falsch	Korrekt
Addresse	**Adresse**	Orginal	**Original**
anullieren	**annullieren**	Packet	**Paket**
am Besten	**am besten**	paralell	**parallel**
a propos	**apropos**	Pinwand	**Pinnwand**
Athmosphäre	**Atmosphäre**	Praktikas	**Praktika**
authorisieren	**autorisieren**	Resourcen	**Ressourcen**
bestmöglichst	**bestmöglich**	Rythmus	**Rhythmus**
(ein) bischen	**(ein) bisschen**	(ihr) seit	**(ihr) seid**
brilliant	**brillant**	seperat	**separat**
deligieren	**delegieren**	Seriösität	**Seriosität**
detailiert	**detailliert**	sietzen	**siezen**
dutzen	**duzen**	sorgfälltig	**sorgfältig**
eigendlich	**eigentlich**	Sponsering	**Sponsoring**
E-mail	**E-Mail**	Standart	**Standard**
Entgeld	**Entgelt**	tollerant	**tolerant**
entgültig	**endgültig**	übrigends	**übrigens**
Ergebniss	**Ergebnis**	unentgeldlich	**unentgeltlich**
erwiedern	**erwidern**	unwiederruflich	**unwiderruflich**
Flopp	**Flop**	verherend	**verheerend**
Gallerie	**Galerie**	Visas	**Visa, Visen**
(du) hälst	**(du) hältst**	vorallem	**vor allem**
Hecktik	**Hektik**	wiedersprechen	**widersprechen**
herzlich Willkommen	**herzlich willkommen**	Wiederstand	**Widerstand**
Hobbies	**Hobbys**	ziehmlich	**ziemlich**
Hompage	**Homepage**	*Wörter, die ich mir merken muss:*	
Interresse	**Interesse**		
Kommitee	**Komitee**		
kummulieren	**kumulieren**		
Leidbild	**Leitbild**		
Maschiene	**Maschine**		
Menue	**Menu**		
mittlerweilen	**mittlerweile**		
nähmlich	**nämlich**		

Mängel beim Bewerbungsdossier

Das sind nach Aussagen von HR-Personen (Human Resources, Personalabteilung) häufige Mängel bei Bewerbungsdossiers:

Bewerbungsbrief
- Standardbrief; Bewerbung nicht auf die Stelle bezogen
- floskelhafte Formulierungen, vor allem in der Einleitung
- Inhalt bloss eine Zusammenfassung des Lebenslaufs
- Fehler bei Namen (z. B. Meier statt Meyer)
- Fehler bei Rechtschreibung, Zeichensetzung, Grammatik
- Brief im Querformat
- Text in konsequenter Kleinschreibung

Lebenslauf (CV)
- lückenhaft
- unübersichtlich
- unnötige «Verzierungen»
- fehlendes Porträtbild
- schlechtes Porträtbild (Fotoautomat-Bild)
- unpassendes Porträtbild (Ferien- bzw. Freizeitbild)
- keine oder ungenügende Angaben zu den Sprachkenntnissen

Sonstiges
- zu viele Beilagen oder keine Beilagen
- unleserliche Kopien von Zeugnissen und Arbeitszeugnissen
- Fehler bei der Adresse auf dem Kuvert
- jedes Blatt in einer Zeigetasche verpackt
- Eingaben per Post, obwohl die Eingabe per E-Mail verlangt war
- Eingabe per E-Mail, obwohl die Eingabe per Post verlangt war
- Eingabe als Word-Datei statt im PDF-Format
- fehlende digitale Unterschrift
- Eingaben nach dem gesetzten Termin

Und noch dies:
- Die Stelle entspricht nicht dem eigenen Profil (Ausbildung, Berufserfahrung, Kompetenzen etc.).
- Die Bewerberin bzw. der Bewerber ist für eine Terminvereinbarung nicht erreichbar.

Siehe auch Checkliste Bewerbung Seite 104.

Checkliste Bewerbung

Vorbereitung

- ☐ Inserat genau gelesen
- ☐ Schlüsselwörter markiert
- ☐ geprüft, ob die Stelle zu mir passt
- ☐ Recherchen gemacht (→ Website)
- ☐ Wichtiges notiert
- ☐ Meinungen von anderen eingeholt
- ☐ Entscheidung: Bewerbung ja/nein?
- ☐ falls ja: Zeitplan erstellt
- ☐ anderes

Dossier

- ☐ Deckblatt
- ☐ Bewerbungsbrief
- ☐ Lebenslauf (CV)
- ☐ Foto (gute Qualität, passend)
- ☐ Zeugniskopien
- ☐ Kopien von Ausweis, Zertifikat, Diplom ...
- ☐ Arbeitszeugnisse
- ☐ Arbeitsberichte
- ☐ anderes

Präsentation, Versand

- ☐ kundenfreundlich «verpackt»
- ☐ Kuvert passend
- ☐ Anschrift auf Kuvert korrekt
- ☐ Platzierung der Anschrift korrekt
- ☐ Frankierung korrekt
- ☐ rechtzeitig verschickt
- ☐ anderes

Bewerbungsbrief

Form

- ☐ formal als Geschäftsbrief aufgebaut
- ☐ in Abschnitte gegliedert
- ☐ gut lesbare Schrift
- ☐ einheitlicher Schrifttyp
- ☐ passende Schriftgrösse: 10/10.5/11 pt.
- ☐ harmonische Seitengestaltung
- ☐ den rechten Seitenrand kontrolliert
- ☐ Papier ausgewählt: weiss, 90 oder 100 g/m², gestrichen matt oder glänzend

Inhalt

- ☐ korrekte Adresse
- ☐ korrektes Datum
- ☐ passender Brieftitel
- ☐ passende Anrede
- ☐ Bezug auf Inserat in der Einleitung
- ☐ Motivation für die Bewerbung erwähnt
- ☐ dargestellt, was ich mitbringe
- ☐ aufgezeigt, was ich bieten kann
- ☐ passende Schlussformulierung
- ☐ Hinweis auf Vorstellungsgespräch
- ☐ Grussformel
- ☐ Unterschrift

Ton, Atmosphäre

- ☐ klar, ruhig, sachlich
- ☐ individuelle, persönliche Note
- ☐ direkte Anreden: *Sie, Ihnen, Ihre ...*
- ☐ positiv, konstruktiv, zuversichtlich
- ☐ keine Angeberei oder Arroganz
- ☐ frei von Anbiederung und Unterwürfigkeit

Sprache

- ☐ alle Namen korrekt geschrieben
- ☐ korrekte Rechtschreibung
- ☐ korrekte Zeichensetzung
- ☐ keine Grammatikfehler
- ☐ keine Abkürzungen
- ☐ frei von Floskeln
- ☐ frei von Füllwörtern
- ☐ genaue Fachbegriffe
- ☐ passende Verben und Adjektive
- ☐ kurze Sätze: max. 16–20 Wörter
- ☐ Aktivsätze
- ☐ vorwiegend Verbalstil
- ☐ keine unnötigen Konjunktivformen
- ☐ keine Superlative
- ☐ Text gegenlesen lassen

Ermächtigung für Referenzauskünfte (Vorlage)

Ermächtigung Referenzauskünfte

Ich ermächtige die (Name der Firme, der Institution) bei nachstehend genannten Personen Referenzauskünfte einzuholen:

- Vorname, Name, Funktion, Firma/Institution
  Adresse, PLZ, Ort, Telefon, E-Mail

- Vorname, Name, Funktion, Firma/Institution
  Adresse, PLZ, Ort, Telefon, E-Mail

- Vorname, Name, Funktion, Firma/Institution
  Adresse, PLZ, Ort, Telefon, E-Mail

Diese Ermächtigung steht im Zusammenhang mit meiner Bewerbung für folgende Stelle: (genaue Stellenbezeichnung)

Ort, Datum   Unterschrift

Name, Vorname: …

Geburtsdatum: …

Wording und Corporate Writing (Beispiel)

Wording

Viele Unternehmen legen heute grossen Wert darauf, dass die Angestellten zu ihrem Produkt oder zu ihrer Dienstleistung einheitlich kommunizieren. Dazu legen die Firmen ein sogenanntes Wording (Sprachreglung) fest. Zur Veranschaulichung folgendes Beispiel aus der Praxis: Hotelbetrieb im Berner Oberland, rund 30 Angestellte, über die Hälfte der Gäste kommt aus Deutschland. Für die schriftliche Kommunikation hat das Hotel folgendes Wording festgelegt:

1. Unser oberstes Gebot ist bei allen Schreiben die Kundenfreundlichkeit!
2. Schon im Titel sprechen wir den Gast an. (*Ihr Urlaub / Ihre Anfrage / Ihre Buchung* etc.)
3. Als Anrede verwenden wir *Grüezi Herr / Frau (Familienname)*
4. Namen schreiben wir stets korrekt. (Schmidt oder Schmitt? / Meier oder Maier? Etc.)
5. Der Schluss ist einladend und werbend, aber nicht aufdringlich. (*Wir freuen uns, Sie in unserem Haus zu verwöhnen. / Sie werden einen unvergesslichen Urlaub bei uns verbringen*. Etc.)
6. Auch die Grussformel hat eine schweizerische oder lokale Note, beinhaltet den Namen unseres Betriebs und erwähnt das Team. (*Das [Hotelname]-Team grüsst Sie herzlich aus der Schweiz / aus dem Berner Oberland.*)
7. Wir vermeiden Floskeln und schreiben im Verbalstil.
8. Wir achten auf korrekte Schreibweise (Rechtschreibung, Zeichensetzung).
9. Jedem Brief legen wir den aktuellen Hotelprospekt bei.
10. E-Mails verschicken wir immer mit der Signatur inklusive Logo.

Corporate Writing

Noch umfassender als ein Wording beschreibt ein Corporate Writing (CW) den Kommunikationsstil eines Unternehmens. Durch ein Corporate Writing weisen alle kommunikativen Aktivitäten dieselben charakteristischen Merkmale auf. Ziel ist ein einheitlicher sprachlicher Auftritt mit einer unverwechselbaren spezifischen Unternehmenssprache. Dabei achtet man darauf, dass Corporate Identity, Corporate Design und Corporate Writing aufeinander abgestimmt sind. Das CW ist heute in vielen Firmen ein fester Bestandteil des Marketingkonzepts.

Meine persönliche Stilliste

Erstellen Sie Ihre eigene Stilliste. Schreiben Sie dazu laufend Wörter und Sätze auf, die Sie bisher verwendet haben. Markieren Sie den Stilmangel oder den Fehler. Formulieren Sie eine bessere Variante. Beispiel:

Wir haben Ihre Bestellung ~~dankend erhalten~~. → Besten Dank für Ihre Bestellung.

Quellenverzeichnis

Bieli, Alex: *Korrespondenz plus*. Das Handbuch für erfolgreiches Schreiben. Bern, hep verlag, 1. Auflage, 2013.

Bieli, Alex; Fricker Ruedi: *Kompaktwissen Deutsch Band 2*. Bern, hep verlag, 4. Auflage, 2016.

Bieli, Alex; Fricker Ruedi; Lyrèn, Katrin: *Kompaktwissen Deutsch Band 1*. Bern, hep verlag, 8. Auflage, 2015.

Duden: *Die deutsche Rechtschreibung. Duden Band 1*. Mannheim, Dudenverlag, 27. Auflage, 2017.

Duden online. Berlin, Dudenverlag. www.duden.de

Heuer, Walter; Flückiger, Max; Gallmann, Peter: *Richtiges Deutsch*. Zürich, Verlag Neue Züricher Zeitung, 30. Auflage, 2013.

Schweizerische Bundeskanzlei: *Schreibweisungen. Weisungen der Bundeskanzlei zur Schreibung und zu Formulierungen in den deutschsprachigen amtlichen Texten des Bundes*. Bern, Bundeskanzlei, korrigierte Ausgabe, 2015.

Wahrig: *Deutsches Wörterbuch*. Gütersloh, Bertelsmann Lexikon Verlag, 6. Auflage, 1997.

Wehling, Elisabeth: *Politisches Framing*. Köln, edition medienpraxis 14, Herbert von Halem Verlag, 1. Auflage, 2016.

Wyss, Johannes: *Richtig oder falsch? Hitliste sprachlicher Zweifelsfälle*. Zürich, Verlag Neue Zürcher Zeitung, 2. Auflage, 2016.

Stichwortverzeichnis

A
Abkürzungen **24**
Absage **72**
Adresse **22**
AIDA-Formel **74**
Aktivsätze **16**
Anfrage, bestimmt **34**
Anfrage, unbestimmt **36**
Anführungszeichen **24**
Angebot **38**
Angebot, unverbindlich **38**
Anrede **22**, **23**
Antwort auf Mangelrüge **46**
Arbeitsbestätigung **62**
Arbeitsschritte **98**
Arbeitszeugnis **62**
Argumentieren **68**
Arial, Schrift **25**
Aufzählungszeichen **24**

B
Beilage **23**
Beschlussprotokoll **66**
Bestätigung Bestellung **40**
Bestellung **40**
Betreff **22**
Bewerbung, Checkliste **104**
Bewerbung, Referenzauskünfte **105**
Bewerbungsdossier, Mängel **103**
Bewerbungsschreiben **56**
Bindestrich (Divis) **24**
Blocksatz **24**
Brieftitel **22**

C
Calibri, Schrift **25**
Codes **62**
Corporate Writing **106**
Curriculum Vitae, CV **58**

D
Darstellungsregeln **22–25**
Datum **22**
Dezimalkomma **24**
Dezimalpunkt **24**
Disposition Geschäftsbrief **99**, **100**

E
Einladung **72**
Einsprache **70**
E-Mail **76**
E-Mail-Knigge **78**
E-Mail-Kommunikation, Tipps **77**
Ersatzlieferung **44**
Es-Sätze **16**

F
Fachwörter **14**
Festabstand **24**
Firmennamen **23**
Fixgeschäft **50**
Flattersatz **24**
Floskeln **12**
Fremdwörter **14**
Füllwörter **12**
Fussnote **24**
Fusszeile **25**
Futur **16**

G
Gegenangebot **38**
gemischtbündig **27**
Genitiv-Formen **18**
Geschäftsablauf, ausserordentlich **32**, **33**
Geschäftsablauf, ordentlich **32**, **33**
Gesuch **68**
Geviertstrich **25**
Grammatikfehler **14**
Grussformel **23**

H
Halbgeviertstrich **25**
Helvetismen **14**
Hervorhebungen **24**
Höflichkeitsfloskel **18**

K
Klarheit **8**
Konjunktivformen **18**
Korrektheit **8**
Kundenorientierung **8**
Kündigung **60**
Kündigungsfristen **60**
Kürze **8**
Kurze Sätze **20**
Kurzprotokoll **66**

L
Lastschriftverfahren **48**
Lebenslauf (CV) **58**
Leerzeichen **25**
Leerzeile **25**
Liefermahnung **50**
linksbündig **26**

M
Mahngeschäft **50**
Mängelrüge **44**
Man-Sätze **16**
Modalverben **18**

N
Nachtrag **23**
NB (notabene) **23**
Nominalstil **16**

P
Parlando-Stil **79**
Passivsätze **16**
Persönliche Stilliste **107**, **108**
Pleonasmus **14**
Preisnachlass **44**
Protokoll **66**
Protokoll, Formulierungen **66**
Protokoll, Struktur **66**
PS (Postskriptum) **23**

R
Rechnung **48**
rechtsbündig **27**
Rechtsmittelbelehrung **70**
Reizbotschaften **12**
Reizwörter **12**

S
Satz-Stilregeln **20**
Schlusszeugnis **62**
Schrägstrich **25**
Schriftgrösse **25**
Schrifttyp **25**
Schwierige Wörter, Liste **102**
Seitenlayout **26**, **27**
Seitenrand **25**, **26**, **27**
Stilbrüche **14**

U
Uhrzeiten **25**
Unterschrift **23**

V
Verbalstil **16**
Vermeide-Liste **95**
Vermeide-Verwende-Liste **79–94**
Verzicht auf Lieferung **44**

W
Werbebrief **74**
Widerruf **42**
Widerruf Ablehnung **42**
Widerruf Annahme **42**
Wording **106**
Wörter verwechseln **18**
Wort-für-Wort-Protokoll **66**
Worttrennung **25**

Z
Zahlen **25**
Zahlungsmahnung **52**
Zeilenabstand **25**
Ziffern **25**
Zwischenzeugnis **62**

4K-Qualitäten **8**
4K-Qualitätsinstrument **10**, **101**

hep der bildungsverlag

Alex Bieli
Texte knacken
30 Übungen zum besseren Textverständnis |
Mit Lösungen zur Selbstkontrolle

A4, Broschur, 128 Seiten

Gutes Textverständnis ist eine Schlüsselkompetenz, die wesentlich zum schulischen und beruflichen Erfolg beiträgt. Eine solide Lesekompetenz ist heute unabdingbar. Wer bereits am Textverständnis scheitert, hat in verschiedenen Lebensbereichen enorme Nachteile.

«Texte knacken» bietet vielfältige Möglichkeiten, das Textverständnis zu trainieren und damit zu verbessern. Das Buch richtet sich an Lernende verschiedener Ausbildungsrichtungen sowie an Erwachsene in der Weiterbildung. Es enthält eine Anleitung, wie sich Texte einfach «knacken» lassen, und vermittelt prägnant das wichtigste Textsortenwissen.

Das Kernstück dieses Lehr- und Lernmittels bildet der praktische Teil: An 30 Trainingseinheiten kann das Textverständnis geübt werden. Die Texte sind in drei Niveaus eingeteilt; damit kann die Arbeit zum Textverständnis strukturiert und aufbauend erfolgen. Lösungen sowie ein Lernjournal dienen dem selbstständigen Lernen und der Selbstkontrolle.